U0593570

2015年
国家火炬特色产业基地
发展研究报告

科技部火炬高技术产业开发中心 ◎ 编著
TORCH HIGH TECHNOLOGY INDUSTRY DEVELOPMENT CENTER,
MINISTRY OF SCIENCE AND TECHNOLOGY

2015

NATIONAL TORCH
SPECIAL INDUSTRY BASES

DEVELOPMENT RESEARCH REPORT

经济管理出版社
ECONOMY & MANAGEMENT PUBLISHING HOUSE

图书在版编目（CIP）数据

2015 年国家火炬特色产业基地发展研究报告/科技部火炬高技术产业开发中心编著 . —北京：经济管理出版社，2017.4

ISBN 978 - 7 - 5096 - 5038 - 7

Ⅰ.①2…　Ⅱ.①科…　Ⅲ.①高技术产业区—产业发展—研究报告—中国—2015　Ⅳ.①F127.9

中国版本图书馆 CIP 数据核字（2017）第 062826 号

组稿编辑：张永美
责任编辑：范美琴
责任印制：司东翔
责任校对：王淑卿

出版发行：经济管理出版社
　　　　　（北京市海淀区北蜂窝 8 号中雅大厦 A 座 11 层　100038）
网　　　址：www. E - mp. com. cn
电　　　话：（010）51915602
印　　　刷：三河市延风印装有限公司
经　　　销：新华书店
开　　　本：787×1092/16
印　　　张：11.25
字　　　数：225 千字
版　　　次：2017 年 4 月第 1 版　　2017 年 4 月第 1 次印刷
书　　　号：ISBN 978 - 7 - 5096 - 5038 - 7
定　　　价：48.00 元

2015 年国家火炬特色产业基地发展研究报告

编委会

郑重声明

　　《2015 年国家火炬特色产业基地发展研究报告》是科学技术部火炬高技术产业开发中心组织有关专家，在地方科技主管部门及国家火炬特色产业基地的大力支持下，经深入调研形成的科研成果，其知识产权归属于科学技术部火炬高技术产业开发中心。

　　未经产权所有者书面授权，任何单位或个人不得以公开方式全文或部分发表本报告的内容。

科技部火炬高技术产业开发中心

2016 年 12 月

编者说明

为深入贯彻落实创新驱动发展战略，推动大众创业、万众创新，进一步促进国家火炬特色产业基地创新发展，更好地发挥特色产业基地在推动地方经济社会协调发展中的重要作用，根据《国家火炬特色产业基地建设管理办法》（国科火字〔2015〕163 号），科学技术部火炬高技术产业开发中心首次组织编纂了《2015 年国家火炬特色产业基地发展研究报告》。

本报告内容分为四个部分。第一部分为基地发展概况；第二部分为基地建设成效；第三部分为管理推动工作；第四部分为基础数据概览。

需要特别说明的是：截至 2015 年底，全国共有 391 家特色产业基地，其中有 384 家基地上报了 2015 年年报数据。报告中 275 家基地是指 2011～2015 年 5 年连续完整上报数据的基地，199 家基地是指 2011～2015 年 5 年连续完整上报数据的在县（区）域内的基地。报告中所有数据均来源于火炬统计。

本报告所涉及东部、中部、西部和东北地区的具体划分为：

东部地区：包括北京、天津、河北、上海、江苏、浙江、福建、山东、广东和海南 10 个省市；

中部地区：包括山西、安徽、江西、河南、湖北和湖南 6 个省；

西部地区：包括内蒙古、广西、重庆、四川、贵州、云南、西藏、陕西、甘肃、青海、宁夏和新疆 12 个省市；

东北地区：包括辽宁、吉林和黑龙江 3 个省。

本书中因小数取舍而产生的误差均未做配平处理。

前　言

2015 年，是国家火炬特色产业基地（以下简称"特色产业基地"或"基地"）建设20 周年，是"十二五"科技工作的收官之年，也是承前启后、启动"十三五"的奠基之年。经过 20 年的发展，特色产业基地已经成为与国家高新区互为补充的，从产业成长需求出发，重点在县域经济层面大力推进高新技术产业化以及运用科技创新成果推动传统产业优化升级的一项重要实践；已经成为推动区域经济可持续协调发展的重要品牌和抓手，成为推动县市科技工作落地、促进科技与产业协同创新的一面旗帜。推动特色产业基地建设和发展，是深入贯彻国家创新驱动发展战略，健全完善区域科技创新体系，发展创新型经济的重要体现。

截至 2015 年底，全国特色产业基地达到 391 家，遍及 31 个省市（含省、自治区、直辖市、计划单列市），其产业覆盖了国家战略性新兴产业的各个领域。2015 年，特色产业基地内高新技术企业总数达到 9410 家，基地企业获得专利授权数达到 14.1 万件，全年实现工业总产值 9.3 万亿元，总收入 9.1 万亿元，净利润 6115.6 亿元，为国家上缴税额 4889.0 亿元，出口创汇 1809.5 亿美元。特色产业基地对引导区域产业战略布局、形成产业规模经济，发挥了良好的辐射和带动作用。

为全面、系统、客观地展示特色产业基地发展建设全貌，科学技术部火炬高技术产业开发中心（简称火炬中心）在地方科技管理部门及各特色产业基地的共同推动下，组织编写了《2015 年国家火炬特色产业基地发展研究报告》。报告主要包括四个部分：第一部分为基地发展概况，主要在各地 2015 年度特色产业基地工作总结的基础上，结合 384 家特色产业基地的火炬统计数据分析研究形成。第二部分为基地建设成效，主要由"十二五"期间（2011～2015 年）275 家特色产业基地（包括 199 家在区县的基地）的统计数据对比分析形成。第三部分为管理推动工作，对 2015 年度的管理推动工作进行了简略概括。第四部分为基础数据概览。报告客观地反映了 2015 年度及"十二五"期间特色产业基地的发展情况。

本报告可为政府相关部门、有关单位工作人员开展决策、研究工作提供帮助，也可为社会各界进一步了解特色产业基地发展状况提供参考。鉴于时间所限，本报告中仍可能存在一些疏漏和不足之处，敬请读者批评指正。

科技部火炬高技术产业开发中心

2016 年 12 月

目　录

第一部分 基地发展概况

国家火炬特色产业基地（以下简称特色产业基地或基地）是在一定地域范围内，针对国家鼓励发展的细分产业领域，通过政府组织引导、汇聚各方优势资源、营造良好创新创业环境而形成的具有区域特色和产业特色、对当地经济与社会发展具有显著支撑和带动作用的产业集聚。

1995 年 6 月 22 日，原国家科委火炬计划办公室核定了我国第一家特色产业基地——国家火炬海门化工和生物医药材料特色产业基地（原"国家火炬计划海门新材料产业基地"）。经过 20 多年的建设和发展，特色产业基地经历了起步探索、调整提升、快速发展等几个阶段，截至 2015 年底，总数已经达到 391 家，分布在全国 31 个省（自治区、直辖市、计划单列市）。特色产业基地积极集聚创新资源，不断优化发展环境，努力提升产业竞争力，2015 年，发展规模和经济总量继续增长。

一、总体情况

（一）数量和经济总量继续提升

2015 年，特色产业基地发展到 391 家，比 2014 年增加 22 家。根据火炬统计数据（下同），2015 年，基地实现工业总产值 92851.4 亿元，比上年增长 5.2%；实现总收入

91233.1 亿元，比上年增加 6.5%；实现净利润 6115.6 亿元，比上年增长 4.1%；出口创汇 1809.5 亿美元，比上年增长 3.8%。数据显示，在国家宏观经济转型增长放缓的情况下，特色产业基地仍保持了经济总量的平稳增长态势。

（二）产业聚集效应逐步显现

2015 年，特色产业基地内共集聚 126393 家企业，比上年增加了 6.9%，其中高新技术企业 9410 家，比上年增加了 9.3%；国内上市企业 767 家，比上年增加了 49.5%；境外上市企业 170 家，比上年增长 24.1%。数据显示，"大众创业、万众创新"这一结构性改革，激发了区域创新潜能和创业活力，是推动区域特色产业创新发展的强大动力。

（三）科技创新要素加快集聚

2015 年，基地内共有从业人员 992.8 万人，其中大专学历以上人员 324.1 万人。在这部分人员中，有博士 2.2 万人，硕士 12.9 万人，分别比上年增加 14.1% 和 12.1%。共有国家工程技术中心和国家工程研究中心 376 个，省级企业技术中心 3461 个，市级企业技术中心 6837 个，企业博士后工作站 947 个，生产力促进中心 469 个，孵化器 930 个，均比上年有所增加，其中孵化器增幅显著，比上年增加了 20.3%，有效地促进了基地科技创新和科技成果转化工作，特色产业基地已成为推动区域创新创业的重要载体。

（四）自主创新能力不断提高

特色产业基地的建设有效集聚了各类创新资源，不断激发了企业创新热情，提高了企业自主创新能力。2015 年，基地内企业的研发总投入为 2292.8 亿元，比上年增加 4.2%；申请国内专利 254738 件，比上年增加 21.9%，其中申请发明专利 80568 件，实用新型专利 108286 件；企业获得专利授权 141273 件，比上年增加 20.7%，其中发明专利 21146 件；申请国外专利 2217 件，比上年增加 61.2%；软件著作权登记数 8171 件，比上年增加 15.1%。

二、区域分布

（一）基地布局有效地配合了国家区域发展战略部署

根据国家"十二五"规划"两横三纵"的城市化战略格局，环渤海地区、长江三角洲地区、珠江三角洲地区为国家层面的优化开发区域，哈长地区、东陇海地区、中原经济区、冀中南地区、太原城市群、呼包鄂榆地区、江淮地区、长江中游地区、海峡西岸经济区、北部湾地区、黔中地区、滇中地区、成渝地区、关中—天水地区、宁夏沿黄经济区、兰州—西宁地区、天山北麓地区、藏中南地区为重点开发区域。截至2015年底，除滇中地区和藏中南地区2个区域暂无特色产业基地外，基地已分布在19个区域，基本实现全面覆盖，有效配合了国家区域发展的总体战略部署。

（二）基地建设的分布呈现向"科技强、经济强"省市集中的特征

按东、中、西部地区和东北地区分布，基地主要集中在东部地区。截至2015年，东部地区已有288家基地，占到基地总量的73.7%；中部地区基地数量52家，占基地总数的13.3%；西部地区基地数量为19家，占基地总数的4.8%；东北地区基地数量为32家，占基地总数的8.2%。见表1、表2、表3、表4。

表1　特色产业基地在东部地区各省市的分布情况汇总表　　　　　　单位：家

省（自治区、直辖市、计划单列市）	基地数量	省（自治区、直辖市、计划单列市）	基地数量
江苏	112	宁波	8
山东	54	福建	7
浙江	39	上海	7
广东	29	青岛	5
河北	13	厦门	4
天津	8	北京	2
小计	**255**	小计	**33**
合计：288			

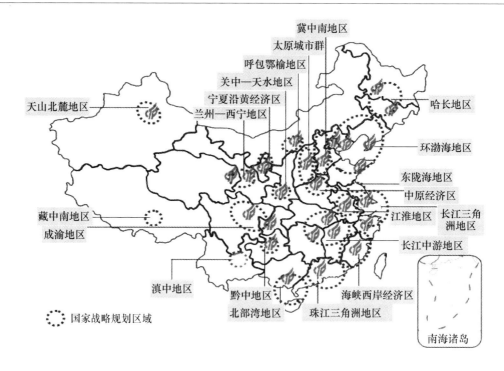

图1 "十二五"特色产业基地规划布局示意图

表2 特色产业基地在中部地区各省市的分布情况汇总表 单位：家

省（自治区、直辖市、计划单列市）	基地数量	省（自治区、直辖市、计划单列市）	基地数量
安徽	13	山西	8
湖北	12	湖南	7
河南	9	江西	3
小计	**34**	小计	**18**
合计：52			

表3 特色产业基地在西部地区各省市的分布情况汇总表 单位：家

省（自治区、直辖市、计划单列市）	基地数量	省（自治区、直辖市、计划单列市）	基地数量
陕西	6	新疆	2
重庆	2	内蒙古	1
宁夏	2	广西	1
四川	2	甘肃	1
贵州	2		
小计	**14**	小计	**5**
合计：19			

表4　特色产业基地在东北地区各省市的分布情况汇总表　　　　　单位：家

省（自治区、直辖市、计划单列市）	基地数量	省（自治区、直辖市、计划单列市）	基地数量
辽宁	15	吉林	5
黑龙江	9	大连	3
小计	**24**	小计	**8**
合计：32			

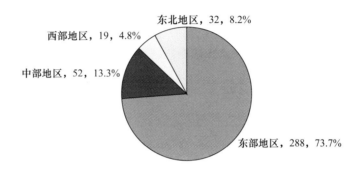

图2　特色产业基地在全国各地区的分布及比例

基地建设主要分布在东部沿海城市。通过基地数量对比，基地建设集中分布在东部沿海城市，各省市基地数量差距仍较明显。基地数量排名前三的江苏、山东、浙江三省的基地数量分别为112家、54家、39家，分别占基地总数的28.6%、13.8%、10.0%。中部地区仅安徽、湖北超过10家；东北地区仅辽宁超过10家，西部地区基地数量均未超过10家。见表5。

表5　特色产业基地在全国各省市的分布情况汇总表　　　　　单位：家

省（自治区、直辖市、计划单列市）	基地数量	省（自治区、直辖市、计划单列市）	基地数量
江苏	112	陕西	6
山东	54	吉林	5
浙江	39	青岛	5
广东	29	厦门	4
辽宁	15	江西	3

续表

省（自治区、直辖市、计划单列市）	基地数量	省（自治区、直辖市、计划单列市）	基地数量
河北	13	大连	3
安徽	13	北京	2
湖北	12	新疆	2
河南	9	重庆	2
黑龙江	9	宁夏	2
天津	8	四川	2
山西	8	贵州	2
宁波	8	内蒙古	1
湖南	7	广西	1
福建	7	甘肃	1
上海	7		
小计	350	小计	41
		合计：391	

　　各省市基地数量差距明显。截至 2015 年底，江苏省的特色产业基地比位居第二名的山东省多出 1 倍还多，比位居第三名的浙江省多出近 2 倍。江苏省特色产业基地的数量比第二名、第三名的总和还多。图 3 清晰地表现了特色产业基地在各省市的分布排序情况。

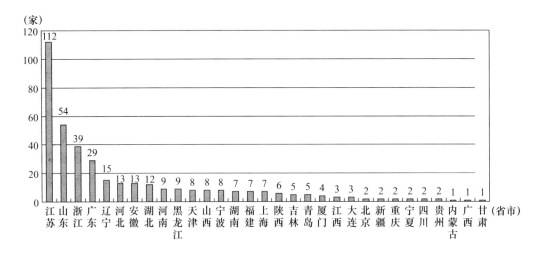

图 3　特色产业基地在全国各省市的分布情况

　　从分布范围看，特色产业基地的分布与经济发展基础密切相关，各区域的经济发展状况有所差别，特色产业基地的发展情况也就有所不同。从东、中、西部的分布来看，东部地区的特色产业基地分布比较密集，基地总数几乎为中部、西部以及东北地区基地总数的3倍。

东部地区基地企业数量及发展总量远高于中西部和东北地区。2015年，特色产业基地内企业总数为126393家，东部地区有100028家，占到基地总数的79.1%，其中高新技术企业6861家，国内上市企业541家，境外上市企业144家，营业收入超10亿元企业有1299家，技术开发和技术服务型企业2159家，分别占总数的72.9%、70.5%、84.7%、74.0%和64.0%。见表6。

表6 2015年特色产业基地企业分布情况表 单位：家

企业分布	东部	东部占比（%）	中部	中部占比（%）	西部	西部占比（%）	东北	东北占比（%）	合计
基地内企业数	100028	79.1	18062	14.3	3943	3.1	4360	3.4	126393
其中：高新技术企业	6861	72.9	1525	16.2	572	6.1	452	4.8	9410
国内上市企业	541	70.5	119	15.5	64	8.3	43	5.6	767
境外上市企业	144	84.7	11	6.5	4	2.4	11	6.5	170
营业收入超10亿元企业	1299	74.0	294	16.7	60	3.4	103	5.9	1756
技术开发和技术服务型企业	2159	64.0	567	16.8	442	13.1	204	6.0	3372

2015年特色产业基地的经济发展情况总体良好。2015年384家特色产业基地经济指标统计显示，东部、中部、西部及东北地区工业总产值分别为67626.4亿元、11783.8亿元、8538.1亿元和4903.0亿元，分别为特色产业基地工业总产值的72.8%、12.7%、9.2%和5.3%，东部地区特色产业基地经济总量明显高于中部、西部及东北地区。具体情况详见表7。

表7 2015年特色产业基地经济发展指标

经济发展指标	东部	东部占比（%）	中部	中部占比（%）	西部	西部占比（%）	东北	东北占比（%）	合计
工业总产值（亿元）	67626.4	72.8	11783.8	12.7	8538.1	9.2	4903.0	5.3	92851.4

经济发展指标	东部	东部占比（%）	中部	中部占比（%）	西部	西部占比（%）	东北	东北占比（%）	合计
其中：骨干企业产值（亿元）	36524.3	69.9	6254.4	12.0	6302.2	12.1	3144.8	6.0	52225.6
总收入（亿元）	69180.6	75.8	11310.7	12.4	5812.8	6.4	4929.0	5.4	91233.1
技术性收入（亿元）	1747.5	60.8	238.9	8.3	689.7	24.0	196.8	6.8	2873.0
出口创汇额（亿美元）	1639.1	90.6	120.3	6.6	25.6	1.4	24.6	1.4	1809.5
上缴税额（亿元）	3616.6	74.0	414.8	8.5	549.0	11.2	308.6	6.3	4889.0
净利润（亿元）	4696.0	76.8	563.1	9.2	484.9	7.9	371.5	6.1	6115.6

推动欠发达地区发展。为有效地推动欠发达地区特色产业基地建设，2015 年火炬中心印发的《国家火炬特色产业基地建设管理办法》中明确指出，"经济欠发达地区、边疆及少数民族地区申报特色产业基地的，申报条件可适当放宽"。

重大举措——积极推动欠发达地区发展特色产业

《国家火炬特色产业基地建设管理办法》中指出，"经济欠发达地区、边疆及少数民族地区申报特色产业基地的，申报条件可适当放宽"。

2015 年，确定了安徽杜集高端矿山装备特色产业基地、安徽太和生物医药高端制剂特色产业基地、四川泸州高新区先进工程机械及关键零部件特色产业基地为国家火炬特色产业基地。

三、产业分布

发展特色产业是振兴和发展区域经济的必然选择。在产业布局上，特色产业基地的产业聚焦点也从早期的传统产业和地方特色产业，向战略性新兴产业转型。

（一）特色产业在重点领域的分布

从产业布局来看，特色产业基地建设要求每家基地的主体产业都是当地的支柱产业，明确支持具有资源优势、市场竞争优势、政策支撑优势、技术优势和发展基础优势的特色鲜明的产业发展。主导产业主要集中在高端装备制造、新材料、生物医药等重点领域。截至 2015 年底，384 家基地中，高端装备制造基地 184 家，占基地总量的 47.9%；新材料基地 107 家，占基地总量的 27.9%；生物医药基地 53 家，占 13.8%。高端装备制造、新材料及生物医药基地数量占特色产业基地总量的 89.6%，全国将近九成的特色产业基地主导产业集中在这三大领域。各领域分布情况可见图 4。

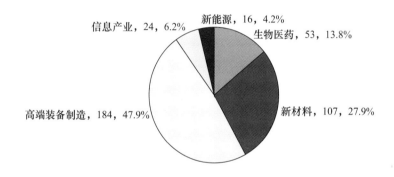

图 4　特色产业基地"十二五"领域重点分布

（二）基地企业在重点领域的分布

2015 年，384 家特色产业基地入驻企业共 126393 家，其业务领域分别属于或服务于五个重点领域，其中高端装备领域 75497 家、生物医药 13061 家、新材料 29610 家、新能源 1289 家、信息产业 6936 家，分别占基地企业数的 59.7%、10.3%、23.4%、1.0%、5.5%。具体企业类型见表 8。

表 8　特色产业基地重点领域的各类企业分布情况　　　　单位：家

各类企业分布	高端装备	生物医药	新材料	新能源	信息产业	合计
基地内企业数	75497	13061	29610	1289	6936	126393
各领域基地企业数占比（%）	59.7	10.3	23.4	1.0	5.5	99.9

各类企业分布	高端装备	生物医药	新材料	新能源	信息产业	合计
其中：高新技术企业	5204	937	2283	229	757	9410
国内上市企业	360	112	223	18	54	767
境外上市企业	65	33	52	9	11	170
营业收入超 10 亿元企业	958	173	460	53	112	1756
技术开发和技术服务型企业	1542	722	497	61	550	3372

2015 年，高端装备领域工业总产值 47418.9 亿元、生物医药 9838.7 亿元、新材料 27034.9 亿元、新能源 1966.1 亿元、信息产业 6592.8 亿元，具体重点领域经济发展情况见表9。

表9 2015 年特色产业基地重点领域经济发展指标

产业领域	高端装备	生物医药	新材料	新能源	信息产业	总值
工业总产值（亿元）	47418.9	9838.7	27034.9	1966.1	6592.8	92851.4
各领域工业总产值占比（%）	51.1	10.6	29.1	2.1	7.1	100.0
其中：骨干企业产值（亿元）	26645.1	5688.1	14357.2	1457.2	4078.1	52225.6
总收入（亿元）	43729.4	9785.0	28317.4	1972.0	7429.3	91233.1
技术性收入（亿元）	1417.1	217.1	610.7	52.8	575.2	2873.0
出口创汇额（亿美元）	716.9	149.6	543.7	56.4	342.9	1809.5
上缴税额（亿元）	2584.0	625.5	1267.1	105.2	307.3	4889.0
净利润（亿元）	3055.9	896.1	1529.2	167.0	467.3	6115.6

第二部分　基地建设成效

2015 年是全面完成"十二五"规划的收官之年。"十二五"期间，在各省级科技行政主管部门，以及基地所在地政府、国家或省级高新技术产业开发区管委会、经济技术开发区管委会等（以下简称当地政府）科学规划、精心组织、积极推动下，特色产业基地建设坚持科技创新引领产业发展，不断优化创新创业环境，集聚创新要素资源，形成了特色产业集聚、创新企业成长、科技成果不断转化的发展局面，以"十二五"期间连续完整上报数据的 275 家基地（下同）为例，基地工业总产值增长 33.8%，总收入增长 25.9%，出口创汇增长 19.2%，上缴税额增长 15.4%，净利润增长 14.4%，促进了区域经济发展。

一、大力营造创新环境

各省级科技行政主管部门及当地政府始终将提高技术创新能力和产业技术水平放在基地建设工作的首要位置。在政府引导、政策支持、人才聚集、资本投入等多方面支持下，基地服务支撑体系逐步完善。通过组织社会科技资源和科技力量，为基地企业提供技术、信息、管理和投融资等服务，促进知识、技术转移和人才流动，降低创新成本，化解创新风险，提高创新效率，加速科技成果向现实生产力转化。

（一）依托特色产业基地，打造科技服务载体

科技创新公共服务平台作为国家创新体系的重要组成部分，是推动企业成为创新主体的重要载体，是加速转化创新成果的重要途径，是科技进步、社会发展、经济增长的重要助推器。

1. 科技创新服务机构持续增加

依托特色产业基地，推动建立和发展孵化器等公共服务平台，为基地内广大中小企业在技术咨询、分析测试、产品开发、人才培训等方面提供了大量的科技服务。表 10 清晰地反映了 275 家特色产业基地在"十二五"期间服务机构的发展情况。

通过对表 10 的分析，可以看到，特色产业基地的服务机构呈逐年增长的趋势，服务体系逐步完善。2015 年特色产业基地内服务机构 2745 个，同比 2011 年增长 43.6%，其中孵化器 705 个，同比 2011 年增长 64.7%；生产力促进中心 350 个，同比 2011 年增长 25.4%；技术转移机构 330 个，同比 2011 年增长 105%；科技担保机构 334 个，同比 2011 年增长 101.2%；行业组织 405 个，同比 2011 年增长 40.1%。其中孵化器增长速度最显著，年均复合增长率达到 13.3%，尤其是 2015 年的涨幅比例达到 17.9%，国家"大众创业、万众创新"政策的推出起到了重要的推动作用。

表 10　特色产业基地"十二五"服务机构汇总表　　　　　单位：个

年份	2011	2012	2013	2014	2015
基地内服务机构	1912	2170	2326	2504	2745
其中：孵化器	428	462	504	598	705
生产力促进中心	279	298	305	343	350
技术转移机构	161	187	248	281	330
技术担保机构	166	192	249	282	334
行业组织	289	320	329	366	405

注：表中统计基础为 2011~2015 年可比数据（275 家基地）。

2. 服务机构建设得到持续支持

以 275 家基地发展数据统计，"十二五"期间用于支撑服务机构的公共投入总计达到 2658.5 亿元，创新环境不断优化，有效地促进了基地企业的可持续发展。

案例 1：创新体制机制，完善公共服务平台

在江苏省常州市政府和企业的共同努力下，国家火炬常州轨道交通车辆及部件特色产业基地建设了一批高水平的公共服务平台，为基地企业提供了便捷、高效、优质的服务，为基地企业的产品获得轨道交通行业准入提供了极大的帮助。

案例 1　创新体制机制　完善公共服务平台

——国家火炬常州轨道交通车辆及部件特色产业基地

科技与经济的有效结合，少不了高效率高水平的科技服务平台。在常州市政府和企业的共同努力下，基地建设了一批高水平的公共服务平台，包括：轨道交通车辆及部件试验与测试中心（戚机公司）、轨道交通车辆及部件理化测试中心（戚研所、铁道部产品监督检验中心机车车辆配件检验站）、轨道交通牵引传动及电磁兼容实验室（新誉集团有限公司）等。此外，还有 7 家企业设立了省级企业技术中心、工程技术中心和重点实验室，9 家企业建有院士、博士、硕士工作站，8 家企业设有市级企业技术中心，构建了较为完整的产业技术支撑体系。以戚研所铁道部产品监督检验中心机车车辆配件检验站为例，每年都要完成数千个批次的样本第三方检验检测，服务范围覆盖全国铁路行业，不仅能满足本单位设计、检测的需要，还为基地企业提供了便捷、高效、优质的服务，为基地企业的产品获得轨道交通行业准入提供了极大的帮助。

案例 2：积极布点建设创新服务平台

厦门市依托特色产业基地，投入财政资金 2.7 亿元，带动社会科技投入 16.6 亿元，布点建设了服务于小微企业的科技创新服务公共平台。

案例 2　财政投入带动社会投入，建设科技创新公共服务平台

——国家火炬厦门海沧区生物与新医药特色产业基地

基地财政投入资金 2.7 亿元，带动社会科技投入 16.6 亿元。从小微企业入手，积极布点建设科技创新与公共服务平台，已建、在建病毒药物靶标研究与成药性评估关键技术平台、海峡两岸分子病理技术中心、海洋生物技术产业化中试基地等 26 个科技创新与公共服务平台，2015 年，基地核心区厦门体外诊断仪器公共技术服务平台、厦门化学创新药研发平台建成投用，国内首个"千人计划"专家生物医药虚拟研究院、厦门生物医药产业窗口先后正式上线，进一步丰富了企业信息获取和宣传渠道，促进了资本、项目、技术、人才的有效对接。为进一步提高公共技术平台的使用效率，畅通服务流程，基地整合部分公共技术平台，搭建了统一对外服务的窗口——厦门生物医药港公共技术服务平台，海乐景、金日制药等企业已通过该渠道享受了平台提供的技术服务。

---

3. 技术研发机构数量逐年增长

截至 2015 年，275 家基地共有国家工程技术中心 195 个，比 2011 年增长了 18.2%；国家工程研究中心 124 个，比 2011 年增长了 79.7%；省级企业技术中心 2916 个，同比 2011 年增长 62.7%；市级企业技术中心 5475 个，同比 2011 年增长 78.5%；企业博士后工作站 756 个，同比 2011 年增长 69.9%；产品检验检测平台 716 个，同比 2011 年增长 45.2%。"十二五"期间，特色产业基地各研究机构总体呈现积极增长态势。表 11 清晰地表达了特色产业基地在"十二五"期间研发机构的发展情况。

表 11　特色产业基地"十二五"研发机构汇总表　　　　单位：个

年份	2011	2012	2013	2014	2015
国家工程技术中心	165	160	162	178	195
国家工程研究中心	69	103	110	130	124
省级企业技术中心	1792	1996	2363	2701	2916
市级企业技术中心	3068	3762	4701	5295	5475
企业博士后工作站	445	489	614	716	756
产品检测检验平台	493	541	607	683	716

注：表中统计基础为 2011 ~ 2015 年可比数据（275 家基地）。

特色产业基地通过政府引导、多元化社会投入的方式，积极支持建立企业技术中心等创新平台，有力地推动科技成果转化，为基地持续创新发展奠定了坚实基础。

案例 3：引导企业建设技术创新中心

企业研发中心是企业创新发展的发动机，推动国家火炬大连金州新区核电装备特色产业基地持续发展。

案例 3　企业技术中心建设颇有成效

——国家火炬大连金州新区核电装备特色产业基地

截至 2015 年，基地拥有省级以上研究机构和企业技术中心 16 家，省级以上工程（技术）研究中心 5 家，国家级企业技术中心 1 家，省级工程技术研究中心 8 家，市级企业技术中心 27 家。其中，在核电装备 25 家规模以上企业中，拥有省级以上工程（技术）研究中心 5 家，省级以上企业技术中心 9 家，基地 2015 年发明专利当年申请 347 件，发明专利当年授权 132 件。

---

4. 产学研科技合作不断增强

产学研结合创新是以企业为技术创新主体，充分发挥科研机构和高校的技术创新源头和人才基地优势，引导人才、技术等创新要素向企业集聚，促进科技成果快速转化，从而促进创新创业和企业不断发展。

案例 4：为中小企业技术创新提供有效支撑

依托国家火炬滕州中小数控机床特色产业基地，滕州市机械工业生产力促进中心建立了集研发、咨询、培训、信息、检测、技术服务和市场开拓于一体的机械装备制造业综合性公共服务平台，既作为山东大学产学研基地，也作为山东理工大学产学研基地和山东科技大学研究生工作站，为中小企业技术创新提供了良好平台和有效支撑。

案例 4　创建政产学研相结合的服务机构

——国家火炬滕州中小数控机床特色产业基地

山东省机械设计研究院和滕州市人民政府合作建立的滕州市机械工业生产力促进中心暨山东省机械设计研究院滕州分院，是集研发、咨询、培训、信息、检测、技术服务和市场开拓于一体的机械装备制造业综合性公共服务平台。目前，该中心设有山东省数控机床行业技术中心滕州分中心、山东省机械装备行业技术中心滕州分中心、机械工业职业技能鉴定山东站滕州分站、山东省数控技术研究开发中心滕州分中心，同时，该中心也是山东大学产学研基地、山东理工大学产学研基地和山东科技大学研究生工作站。以滕州市机械生产力促进中心，鲁南机床、威达重工、滕州机床厂省级企业技术中心为依托，设立了全省中小数控机床产业聚集行业技术中心。建成运营的国家机床检测中心在 2015 年度为基地及滕州周边地区提供各项检测 1500 余项，为中小企业技术创新提供了良好平台和有效支撑。

案例 5：有效整合资源服务企业

国家火炬泸州高新区先进工程机械及关键零部件特色产业基地，通过建设科技服务平台，有效整合各方资源，为基地企业服务。

案例 5　依托特色产业基地，围绕细分产业创建科技服务体系

——国家火炬泸州高新区先进工程机械及关键零部件特色产业基地

基地通过建设产学研交流合作平台、生产力促进中心、投融资服务平台、技术转移中心、企业维权服务平台五大科技服务平台，有效地整合各方资源，为基地内的中小企业提供专业的技术研发、融资担保、人才培训等综合服务，以此降低企业的创业成本、培养技术和管理人员，提高创业创新成功率。这些公共服务平台和专业化服务平台的运行，全面覆盖基地企业，其使用率达到 60% 以上，服务覆盖率达到 30% 以上。

案例6：实现自主创新和产学研合作的有机结合

国家火炬南京化工新材料特色产业基地推进企业加强与科研机构、高等院校的联系，沟通信息，促进合作，实现了自主创新和产学研合作的有机结合。

案例6　以基地为载体，大力推动企业研发机构建设
——国家火炬南京化工新材料特色产业基地

近年来，基地作为创新创业载体，推进企业加强与科研机构、高等院校的联系，沟通信息，促进合作。基地内建有企业研发机构27家，博士后工作站3家，2015年产学研合作项目达到20项以上，实现了自主创新和产学研合作的有机结合。如威尔化工与南京师范大学合作开发了溶剂蒸煮与萃取结晶结合从生物质中提取茄尼醇，德纳化工与南京大学、江苏省生产力促进中心合作开发了间苯二甲腈制间苯二甲胺新型催化剂和工艺研究，与浙江大学联合化学反应工程研究所及中石化上海石油化工研究所建立长期合作，荣欣化工与四川大学、红宝丽与中科院长春应化所、红太阳与中科院大连化物所、威尔化工与南京师范大学、中旗与南京大学、省农药所与南京农业大学、钛白化工与复旦大学等都建立着长期合作关系，为科技成果在基地形成产业化打下了坚实的基础。

（二）聚集优势创新资源，促进产学研用结合

特色产业基地坚持立足自身优势，集聚创新资源，积极为企业搭建科技合作桥梁，为各相关高校和科研院所建立战略合作关系，建立以骨干企业、重点研发机构及金融、法律等服务机构为核心的产业技术创新发展联盟，努力打通基础研究、应用开发、中试和产业化之间的创新链条。

案例7：产学研合作延伸产业链条

国家火炬沂南电动车及零部件特色产业基地通过推动龙头企业与高校、科研院所之间产学研合作，实现创新链与产业链的有效对接，进一步延伸产业链。

案例 7　形成电动机产业链

——国家火炬沂南电动车及零部件特色产业基地

基地以新大洋、格仑特、鲁颖电子等企业为龙头，以电池、电机、控制器为主导产业方向，通过加强与清华大学、生科院、江苏大学等高校、科研院所的产学研合作，组建了 1 家院士工作站、3 家市级以上工程技术研究中心、3 家市级以上企业技术中心。

2015 年，绿源、鲁颖电子、华盛中天成功组建省级企业技术中心、市级企业技术中心和市级工程技术研究中心，切实增强了企业创新能力，不断开发出新产品，延伸了产业链。

案例 8：政产学研合作促进产业聚集发展

国家火炬计划白银有色金属新材料及制品产业基地依托白银市产业发展优势，通过政府牵头共建研究院，聚集基地内骨干企业、研发机构共同参与，促进了基地内产业关联企业聚集式发展。

案例 8　产学研合作促进产业聚集发展

——国家火炬计划白银有色金属新材料及制品产业基地

基地依托白银市产业发展优势，不断加大与省内外高等院校、科研院所的产学研合作力度，白银市政府与兰州理工大学合作共建的"兰州理工大学白银新材料研究院"已挂牌运行，2015 年，研究院投入 500 万元，建成 1800 平方米的办公场地和实验室。研究院联合基地内骨干企业白银有色集团股份有限公司、甘肃稀土新材料股份有限公司组建了有色金属新材料研发中心、稀土催化新材料研发中心等研发中心；依托白银有色集团股份有限公司组建的"西部有色金属矿产资源高效开发与节能减排产业技术创新战略联盟"和"金属矿产物加工与绿色高效浮选药剂产业技术创新战略联盟"、依托甘肃稀土新材料股份有限公司组建的"稀土新材料产业技术创新战略联盟"对基地内有色金属及稀土新材料产业集群起了积极的推动作用。

案例9：产学研合作促进军转民

国家火炬计划遵义航天军转民（装备制造）产业基地通过建立"产学研"联合支撑平台，推动"军转民、民参军"融合发展，成为军民融合创新示范。

案例9　建立产学研联合支撑平台

——国家火炬计划遵义航天军转民（装备制造）产业基地

基地坚持创新驱动发展的理念，建立了"产学研"联合支撑平台。目前，已与清华大学等国内30多家高等院校、科研机构建立了良好的合作开发、联合攻关、兴办合资企业、学术交流、人才培养的关系。

（三）引入多元投资机制，保障基地创新活力

特色产业基地在建设中，加强科技与金融的有效结合，增强企业自主创新能力，为实现经济发展方式转变提供有力保障，积极研究资本与产业结合发展路径，搭建科技金融平台，不断探索科技资源与金融资源对接的新机制和新模式，积极引导金融资源向科技领域配置，为企业的创新发展提供强力支持和保障。

各地政府在特色产业基地建设的资金投入方面，采用多元化的投资机制，提高了市场和资本的对接效率，缓解了企业向前发展的资金压力，大大提高了企业的参与度，市场活力有效增强。

案例10：政府推动"金、企"直接对接

山东省通过定期举办"金、企"对接会，在帮助企业破解资金瓶颈，推进企业上市融资，拓宽企业融资渠道等方面进行了有益探索。

案例 10　山东省政府帮助拓展企业融资渠道

山东省定期举办"金、企"对接会，帮助企业破解资金瓶颈，现已有 50 余家企业享受财政专项资金、创新补贴和担保贷款近 6 亿元，使一批具有自主知识产权、市场前景好、技术水平高但尚在种子期的项目得到扶持。依托开发区"金融改革创新实验区"，建立创业投资引导基金、知识产权融资等科技投融资体系；探索成立金融集团，整合融资租赁、融资担保、风险投资等功能，提高市场和资本对接效率。大力推进企业上市融资工作，多方拓宽企业融资渠道。拓普网络等创新型企业成功挂牌上市，企业发展活力显著增强。

案例 11：成立产业引导基金

湖北省通过成立产业发展引导基金，吸引社会资本参与投资，进一步发挥政府资金作为"母基金"的乘数效应，大力支持基地内产业发展。

案例 11　湖北省成立产业引导基金鼓励企业快速成长上市

湖北省成立产业发展引导基金，鼓励高成长企业快速成长上市，并积极争取新三板市场试点，鼓励企业参与标准制定、承担国家重大项目。采取"政府引导、市场运作"的方式，吸引社会资本参与投资，将政府资金的 30% 作为母基金进行 5～10 倍的放大，对基地内的企业进行投资，有效地缓解了基地内企业发展的资金需求。

案例 12：省、市、高新区联动共建科技贷款风险补偿资金池

江苏省按照"政府引导、市场运作、风险共担"的原则，省、市、高新区联动共建科技贷款风险补偿资金池。

案例12　江苏省加快推进科技金融发展

按照"政府引导、市场运作、风险共担"的原则，省、市、高新区联动共建科技贷款风险补偿资金池，2015年省科技金融风险补偿资金规模达10.4亿元；建立省地联动的天使投资风险补偿机制，设立3.5亿元的省天使投资引导资金，专项用于引导创业投资机构面向省级以上科技企业孵化器内初创期科技型小微企业开展投资，三年来全省累计入库天使投资机构达68家，管理天使投资资金规模达106亿元；通过对44家创投机构提供4亿元的风险补偿准备金，引导创投机构向孵化器内294家初创期小微企业股权投资12.5亿元。截至2015年底，全省创业投资机构管理资金规模达2000亿元，成为国内创业投资最为活跃的地区之一。

案例13："政银企"合作促进科技成果转化

大连市以财政性资金为引导，促进多层次资本市场直接融资，"政银企"合作，共同推动科技成果的资本化及产业化。

案例13　大连市建立多元化的科技投入体系

大连市建立以财政性资金为引导、企业投入为主体、社会投入为补充的多元化、高效率的科技投入体系，促进科技成果资本化、产业化。整合社会金融资源，建立多渠道的社会投入体系，引导银行信贷、创业投资、资本市场等对科技企业的支持，促进多层次资本市场直接融资，强化"政银企"合作，营造良好的金融环境，搭建"甘井子区银企对接暨政银服务平台"，解决企业融资难题，促进科技型中小微企业的发展。

案例14：针对细分产业发展设立基金

厦门市通过设立钨产业发展基金，引导支持基地内公共技术平台和基础设施建设，支持基地内的重点企业发展和重点项目技术改造。

> **案例 14　厦门市建立钨产业发展基金**
>
> 由厦门市政府组织各个职能部门建立厦门市钨产业发展基金，用于基地公共技术平台和基础设施建设，支持基地内的重点企业发展和重点项目的技术改造等。通过多年的投入和建设，国家钨材料工程技术研究中心已经发展成为专业配套、装备齐全、控制和检测仪器先进、工程化能力强，具有国内领先、国际先进水平的钨材料研究开发和试验场所，成为基地内企业开展产学研合作的良好平台。多年来，同中南大学、厦门大学、北京科技大学建立紧密的合作关系。对外开放两个试验室，即分析测试中心和刀具切削试验室，发挥工程中心作为行业公共平台和交流平台的作用。

（四）凝聚各类适用人才，支撑基地创新发展

人才资源是第一资源，特色产业基地不断加强人才引进培养体系的建设。从全国各省市地区基地建设的情况来看，基地在依托特色优势产业建设人才高地、加强人才引进培养体系建设、规范人才管理、加强人才保障、加快创新人才集聚、实施区域特色人才项目、吸收高层次创新人才参与基地发展等多个方面取得了显著的成效。

根据 275 家基地发展数据，2015 年，特色产业基地从业人员总数为 818.1 万人，其中拥有大专及以上人才总数为 265 万人，同比 2011 年增长 14.5%，占从业人员总数的 32.4%。数据显示，特色产业基地内博士及硕士数量呈发展态势，硕士人数发展较为迅速。2015 年，基地内博士人数达 1.7 万人，同比 2011 年增长 41.6%，占大专学历以上总人数的 0.6%；基地内硕士人数达 10.0 万人，同比 2011 年增长 53.2%，占大专学历以上总人数的 3.8%，基地人才结构持续优化，高学历人才队伍越来越壮大。见表 12。

表 12　特色产业基地"十二五"从业人员汇总表

年份	2011	2012	2013	2014	2015
企业人员总数（万人）	770.8	773.3	784.1	821.6	818.1
大专及以上学历人数（万人）	231.5	232.3	247.2	252.2	265.0
大专及以上学历人员占比（%）	30.0	30.0	31.5	30.7	32.4
硕士学历人员占大专及以上人员比例（%）	2.8	3.1	3.3	3.7	3.8
博士学历人员占大专及以上人员比例（%）	0.5	0.6	0.6	0.6	0.6

注：表中统计基础为 2011～2015 年可比数据（275 家基地）。

通过对表 12 的分析可知，"十二五"期间，基地内从业人员中，拥有大专以上学历的从业人员数量，每年都处于上涨的态势。2015 年，拥有大专以上学历的从业人员占总数的三成以上，其中博士、硕士学历的从业人员达到 4.4%，说明高学历人才培养和优秀人才的引进，对于基地的建设与发展显得越来越重要。

基地建设的核心在于人才，各地在推动特色基地建设和发展的过程中，采取了诸多支持人才发展、引进人才等相关政策，培养了适应区域发展的有关人才。

案例 15：加快集聚人才等高端创新要素资源

江苏省加快实施各类人才计划，重点支持特色产业基地引进各类创业创新人才，初步形成了引进高层次人才、创办高科技企业、发展高技术产业的链式效应。

案例 15 江苏省加快集聚人才等高端创新要素资源，努力推进打造"人才特区"

江苏省深入推进大众创业、万众创新，集聚整合人才、资金等各类创新创业要素资源，优化创新创业服务体系，形成了大众创新创业的浓厚氛围。实施"江苏省高层次创新创业人才引进计划"和"江苏科技创新创业双千人才工程"，重点支持特色产业基地引进各类创业创新人才，截至 2015 年底，全省累计入选国家"千人计划"人才 598 人，其中创业类占全国近 30%，稳居首位，初步形成了引进高层次人才、创办高科技企业、发展高技术产业的链式效应。

国家火炬泰州医药特色产业基地用好用足各类政策资源，突破"三线"城市高层次人才短缺的瓶颈，创新人才服务，创优人才环境，从"招、配、引、留、用"等方面加快构建国际化专业人力资源服务体系。成功创建国内首家人力资本配置中心、中国国际医药人才市场、江苏省医药人才市场、千人计划研究院、海外院士工作站，入选国家级"海外高层次人才创新创业基地"。目前，中国医药城共引进各类高层次人才 1583 名，拥有一批以留学归国人员和博士研究生为主的创业团队，其中国际领军型人才 100 多名，22 人入选国家"千人计划"，64 人入选江苏省"双创计划"，5 个团队入选江苏省"创新团队"。

案例 16：出台人才激励政策

湖南湘潭国家高新区通过出台《湘潭高新区人才奖励办法（暂行）》，重点推进青年人才的引进、推荐和培养工作，构建湘潭机电一体化基地内企业与高校、专家之间通畅的沟通渠道。

案例 16　出台《湘潭高新区人才奖励办法（暂行)》

《湘潭高新区人才奖励办法（暂行)》等激励政策，重点推进对青年人才的引进、推荐和培养工作，以及专家、人才的沟通交流渠道构建工作，同时，针对企业技术升级、产品转型和人才培养等问题，加强了区域内科技资源整合，构建了人才培养合作体系。

案例 17：推进研发和人才平台建设

重庆市大力推进研发和人才平台建设，围绕创新链布局人才链，吸引各类高层次人才创新创业。

案例 17　重庆市大力推进研发和人才平台建设

重庆市大力推进研发和人才平台建设。2015 年，围绕创新链布局人才链，大力吸引各类高层次人才创新创业，加强国家级海外高层次人才创新创业基地、院士工作站、博士后流动工作站建设；依托汽研院等机构，集聚"百名工程技术高端人才"、"重庆市科技创新领军人才"、"重庆市科技创业领军人才"、"青年科技创新领军人才"。

二、积极引导企业集聚

为打造当地特色品牌的高端产业基地，各地区依托区域特色资源优势，充分结合产业自身的特点，坚持"特色引领、科技创新"，在良好的创新环境吸引以及骨干企业的带动下，基地产业链上的关联产业和企业加速向基地集聚。各大特色产业基地也集聚了相关行业领域的企业，带动产业集群化、集约化、集成化发展，加快了高端装备制造、新材料及生物医药基地等相关产业的迅速发展。

（一）骨干企业发展迅速，产业带动性强

在深入推进基地产业集约化、集群化、集成化发展过程中，骨干企业是基地建设和发展的主体，各基地积极培育产业关联度高、主业突出、创新能力强、带动性强的重要骨干企业。

据统计，截至2015年，在275家基地中，骨干企业的数量共有4509家，占基地企业总数的4.3%；骨干企业的从业人员达到257.7万人，占基地从业人员总数的31.5%，比2011年新增8.1万人；骨干企业实现产值42612.8亿元，占基地工业总产值的56.0%，比2011年增加11036亿元。见表13。

表13 特色产业基地"十二五"骨干企业汇总表

年份	2011	2012	2013	2014	2015
骨干企业总数（家）	3987	3814	4456	4842	4509
骨干企业从业人员总数(万人)	249.6	233.3	244.6	250.9	257.7
骨干企业工业总产值（亿元）	31576.8	34191.4	40539.1	42069.8	42612.8

注：表中统计基础为2011～2015年可比数据（275家基地）。

特色产业基地的发展离不开企业的成长与进步，尤其是基地内骨干企业的发展。2015年，275家基地骨干企业只占基地企业总数的4.3%，却占到基地工业总产值的56.0%，超过一半的经济效益增长都是由骨干企业带动的。基地骨干企业的良性发展对形成以骨干企业为核心纽带的全产业链格局，带动基地人才、技术、产业的可持续发展产生着重要的影响。以下几个案例较有代表性。

案例 18：依托骨干企业推动特色产业专业化、国际化

河南省中原内配股份有限公司是国家火炬计划焦作汽车零部件特色产业基地中的骨干企业，一直坚持"专业化，国际化"发展目标，取得了不俗成果。

案例 18　河南省中原内配股份有限公司
——国家火炬计划焦作汽车零部件特色产业基地

河南省中原内配股份有限公司作为焦作汽车零部件特色产业基地中的骨干企业，2015 年主营产品发动机气缸套实现产量 4058 万只，同比增长 10.1%，实现销售收入 110446 万元，出口创汇 7582 万美元，利润 22018 万元，纳税 20441 万元。

中原内配是全球最大的发动机气缸套制造商，全球领先的动力活塞组件系统供应商。旗下拥有 22 家子公司，业务覆盖"汽车零部件、自动化铸造、激光工程、合金刀具、装备制造、信息工程和金融服务"六大领域；拥有美国通用、福特、纳威司达、戴姆勒—奔驰、康明斯、卡特彼勒、沃尔沃以及法国 PSA、意大利菲亚特等世界 500 强级的技术和商务战略合作伙伴。

公司未来将在坚持"专业化，国际化"发展目标，以高、精、尖的气缸套产品为主的同时，逐步推进产品模块化供货；加速与英国 GKN 公司的战略合作；围绕"中国制造 2025"，深入挖掘军工、新能源、智能制造、高端装备制造、汽车后市场等高新技术领域和新兴行业，持续延伸产业链，实现战略布局；强力推进战略性重点技术项目的研发及产业化；实施科学有效的人力资源管理机制；持续扩展精益生产范围，由精益生产向精益管理拓展，最终将公司打造为精益企业。

案例 19：依托骨干企业带动产业聚集发展

在国家火炬计划乌鲁木齐米东石油化工和煤化工特色产业基地，以神华新疆能源有限公司为主的煤化工产业链，重点发展煤电、煤化工等煤炭转化产业，三大优势产业聚集区已初具规模，此外，基地内已形成了氯碱行业的全链条的生产链、产业链以及价值链。

案例 19 神华新疆能源有限公司
——国家火炬计划乌鲁木齐米东石油化工和煤化工特色产业基地

基地以神华新疆能源有限公司为主的煤化工产业链，重点发展煤电、煤化工等煤炭转化产业，2015 年神华煤制油化工有限公司新疆煤化工分公司年产 68 万吨煤基新材料项目累计完成投资 100 亿元，办公楼已入住，热电装置已经投产，神华新疆能源公司《煤基活性炭项目新工艺设备系统研发项目》各项工作顺利开展；以新疆中泰化学股份有限公司为主的氯碱化工产业链，重点发展离子膜烧碱、聚氯乙烯树脂等项目，三大优势产业聚集区已初具规模。此外，基地内已形成氯碱行业的"资源—热电—化工—化学建材"和"化工—水泥—建筑"两个循环产业链以及煤电煤化工行业的"原煤—洗煤—矸石（煤泥）—发电"产业链，有效减少了电石渣、煤矸石废弃物排放量，最大效率地利用了各类化工资源，实现了企业生产物质流的内部循环。

案例 20：依托骨干企业带动产业发展

远景能源作为国家火炬江阴物联网特色产业基地骨干企业，有效扭转了风电项目投资无法有效管控的风险和未能优化设计的现状，推动了整个行业的发展。

案例 20 远景能源公司
——国家火炬江阴物联网特色产业基地

目前，基地骨干企业已从建设初期的 8 家企业发展到 16 家。这 16 家龙头骨干企业在各自主打产品市场中，均具有重大影响。其中远景能源已发展成为智慧风能领域的龙头骨干企业。该企业将物联网、云计算联姻新能源，建成了智慧风场"格林威治"云平台管理系统。该平台依托物联网实时传感、大数据和高性能计算技术，借助风电场数字模型，打通风电资产项目投资从发起到管理、优化的全周期，全面管理新能源投资风险，有效扭转了风电项目投资无法有效管控的风险和未能优化设计的现状。

（二）关联企业不断集聚，完善产业链条

特色产业基地积极营造良好的创新创业环境，吸引和集聚产业链相关企业，企业数量呈现逐步上升的趋势，集群效应明显。按照 275 家可比数据统计，"十二五"期间，特色产业基地企业总数由 2011 年的 78484 家增长到 2015 年的 105029 家，增加了 26545 家，增长比例为 33.8%，年均复合增长率达到 7.6%。见表 14 及图 5。

表 14　特色产业基地"十二五"企业数量汇总表

年份	2011	2012	2013	2014	2015
企业总数（家）	78484	83256	93118	102375	105029

注：表中统计基础为 2011～2015 年可比数据（275 家基地）。

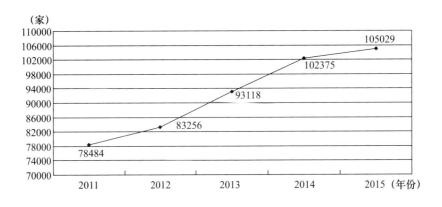

图 5　特色产业基地"十二五"企业增长趋势图

"十二五"期间，2011～2014 年企业数量增长较快，从 78484 家增长到 102375 家，特色产业基地企业聚集实现了量的突破，2015 年增长速度趋于缓和。特色产业基地逐步形成了以主导产业为牵引，吸引相关企业入驻基地，完善全产业链条的发展格局。特色产业基地围绕特色产业，积极集成各方资源和力量，以科技创新和体制机制创新为驱动力，以培育发展具有较高技术含量、较强市场竞争力、特色鲜明、优势明显的产业为目的，以载体平台等硬件建设与创新文化等环境建设相结合，构建具有较完备支撑和服务功能的产业集聚区，从而带动企业实现健康、可持续发展。

（三）高企数量稳步增长，基地质量提升

特色产业基地建设不断引导和激发企业自主创新热情，提高企业科技创新能力，加快培育高新技术企业。"十二五"期间，基地内高新技术企业数量快速增长。2015 年 275 家特色产业基地内共集聚 105029 家企业，高新技术企业总数达到 7849 家，高新技术企业占到总数的 7.5%；2011 年 275 家基地企业数 78484 家，高新技术企业数 5089 家。高新技术企业占到总数的 6.5%。见表 15 及图 6。

表 15　特色产业基地"十二五"高新技术企业汇总表

年份	2011	2012	2013	2014	2015
高新技术企业总数（家）	5089	5754	6497	7391	7849

注：表中统计基础为 2011～2015 年可比数据（275 家基地）。

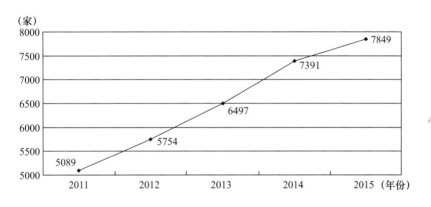

图 6　特色产业基地"十二五"高新技术企业增长趋势图

特色产业基地内高新技术企业数量增加，在产品创新、技术研发上优势增大，企业整体素质得到进一步提高。按 275 家特色产业基地可比数据统计，2015 年基地内高新技术企业总数比 2011 年增加了 2760 家，增长比例为 54.2%，"十二五"期间，基地内高新技术企业年均复合增长率为 11.4%，总体上呈现稳步增长的趋势。

（四）上市企业不断涌现，品牌效应显现

培育和推进企业上市对增强区域经济活力、促进产业转型升级具有重要作用。推动特

色产业基地内企业上市或引导上市企业入驻基地，对增强基地企业创新发展的动力、发挥上市企业的品牌效应、带动基地竞争力全面提升等具有较强的示范意义。

按 275 家特色产业基地可比数据统计，特色产业基地上市企业数量呈逐年增长态势。从 2011 年的 474 家发展到 2015 年的 729 家，增长率 53.8%。"十二五"期间，基地内上市企业年均复合增长率为 11.4%。见表 16 及图 7。

表 16　特色产业基地"十二五"上市企业情况汇总表　　　　　　单位：家

年份	2011	2012	2013	2014	2015
国内上市企业	326	348	390	428	587
境外上市企业	148	98	102	110	142

注：表中统计基础为 2011～2015 年可比数据（275 家基地）。

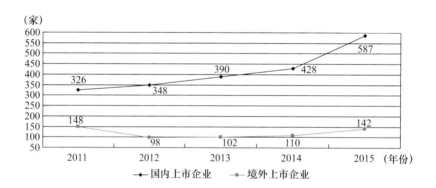

图 7　特色产业基地"十二五"上市企业增长趋势图

"十二五"期间，国内上市企业入驻的情况呈现逐年上涨态势，增长较明显的是 2015 年，高出 2014 年 37%，境外上市企业浮动相对比较大，2015 年增加了 32 家企业，2013～2015 年国内外上市企业入驻基地数量都处于上升的趋势，基地的竞争优势逐步得以提升。

三、着力突出特色引领

特色产业基地主动适应经济发展新常态，深入实施创新驱动发展战略，坚持市场主导、政府引导，通过有效整合地方特色优势资源，依靠科技创新，调整产业结构，促进区域特色产业优化升级，注重经济发展质量和效益，提升主导产品在全行业的竞争优势，打造基地产业"名片"。2015 年，基地总体保持了稳中有进的良好发展态势，基地内的主导产业规模不断壮大，主导产品影响力不断提升。

（一）突出特色，打造主导产业优势

特色产业基地大力支持具有地方特色并作为或将作为地方支柱产业的发展。2015 年，在 275 家基地中，92% 的基地特色产业比重达到 50% 以上，比 2011 年增加约 35 个百分点。各产业领域的特色产业基地总体都实现了经济的快速增长，其中，116 家基地的主导产业在国内市场的占有率达到了 20% 以上，见表 17。

表 17　特色产业基地 2015 年重点领域统计表　　　　单位：家，亿元

细分产业	基地数量	基地内企业总数	特色产业比重超过 50% 的基地数量	主导产业国内市场占有率超过 20% 的基地数量	工业总产值	上缴税额
高端装备	130	67178	118	59	40753.2	2283.6
新材料	73	25035	68	30	19595.3	914.5
生物医药	38	5992	36	14	7801.9	464.8
信息产业	19	5554	16	5	6031.9	276.8
新能源	15	1270	14	8	1929.1	103.0

注：以 2015 年 275 家基地作为计数基数。

从表 17 明显看出，特色产业基地在所涉及的领域中，主导产业的市场占有率有较大优势。

特色产业基地 5 大领域发展情况

➢ 高端装备制造领域，特色产业基地共有 130 家，基地内共有企业 67178 家，涉及汽车关键零部件、轨道交通、新能源设备、智能电网、节能环保装备等多个领域，实现工业总产值 40753.2 亿元，上缴税额 2283.6 亿元。

➢ 新材料领域，特色产业基地共有 73 家，基地内共有企业 25035 家，实现工业总产值 19595.3 亿元，上缴税额 914.5 亿元。

➢ 生物医药领域，特色产业基地共有 38 家，基地内共有企业 5992 家，实现工业总产值 7801.9 亿元，上缴税额 464.8 亿元。

➢ 信息产业领域，特色产业基地共有 19 家，基地内共有企业 5554 家，实现工业总产值 6031.9 亿元，上缴税额 276.8 亿元。

➢ 新能源领域，特色产业基地共有 15 家，基地内共有企业 1270 家，实现工业总产值 1929.1 亿元，上缴税额 103.0 亿元。

在政策上，特色产业基地积极引导符合国家产业政策导向的新兴产业发展。

重大举措——积极支持符合国家产业政策导向的新兴产业

2015 年，确定了青岛橡胶行业专业化科技服务特色产业基地、青岛石墨烯及先进碳材料特色产业基地、无锡惠山石墨烯新材料特色产业基地为国家火炬特色产业基地。

近年来，特色产业基地建设在打造基地产业品牌、瞄准产业前沿技术、深化基地对外合作等方面已取得了显著成效。

案例 21：突出主导产业升级与创新环境改善

国家火炬博望高端数控机床及刀模具特色产业基地通过创新开发、招商引资，引进主导产业项目，加强主导产业建设，同时加强基地创新体系建设，改善创新创业环境。

案例21 加强产品开发和产品升级

——国家火炬博望高端数控机床及刃模具特色产业基地

基地在产业链发展方面，已形成以现代数控技术为主导的数控机床产业和以新材料、新工艺为主导的刃模具产业两大产业，通过主导产品开发和原有产品的升级，促进主导产业创新发展。

在产业链招商方面，2013～2015年基地共签约主导产业招商引资项目109个，实现一批重点项目签约入驻，目前部分项目已建成投产。随着招商引资和企业孵化，主导产业优势进一步增强，目前基地主导产业企业数占全区企业总数的85%，主要经济指标对全区的贡献度在80%以上。

同时，基地进一步加强科技孵化体系建设、构建创新服务平台和公共技术研发平台，地方政府在项目资金、人才、技术、土地指标等方面给予了基地重点支持和倾斜。

案例22：围绕产业特色树立基地品牌

国家火炬上海南汇医疗器械特色产业基地围绕医疗器械产业（含部分创制新药和生物医药服务外包企业）展开战略招商和项目落地。

案例22 基地内医疗器械产品线丰富

——国家火炬上海南汇医疗器械特色产业基地

基地从2006年建立之初开始就全力以赴，围绕医疗器械产业（含部分创制新药和生物医药服务外包企业）展开战略招商和项目落地。基地内医疗器械年产值已占到上海市医疗器械年产值的16%以上，基地内医疗器械产品线丰富，几乎可以覆盖综合性医院所需医疗设备的80%。

截至2015年底，基地实体入驻企业共231家，其中有西门子医疗、德尔格医疗系统、安洛杰医疗器械、德赛诊断等跨国企业，有微创医疗、雄捷医疗器械、美宝科技、执诚生物、华大基因等民族品牌，也不乏圣美申、圣太科、爱立峰、欣吉特等基地自主培育的科技型中小企业。

案例 23：推动基地特色化发展

2015 年，国家火炬海门化工和生物医药材料特色产业基地完成工业产值 304.7 亿元，上缴税金占财政收入比重超过 10%，同时基地坚持实施特色化战略，促使生物医药、新材料产业集聚和产业链的延伸。

案例 23 超过一半的企业拥有核心自主知识产权
——国家火炬海门化工和生物医药材料特色产业基地

基地 2015 年完成工业产值 304.7 亿元，上缴税金占财政收入比重超过 10%。基地内企业已发展到 106 家，其中骨干企业 42 家，高新技术企业 26 家。超过一半的企业拥有核心自主知识产权，近 1/3 的企业拥有发明专利，目前基地有效专利达 300 多件。基地坚持实施特色化战略，努力促使生物医药、新材料产业集聚和产业链延伸。以联海生物为龙头的联海产业链，重点扩大产能水平，实施燃料醇项目；以现代制药为基础的国药产业化基地及生物医药产业群，重点拓展原料药品种和层次，提升产能，推动生物医药向高端制剂方向延伸；以当升材料为基础的锂电材料国际化基地，重点是增加产能及与韩国 LG 及 SK 的深度合作；以百朗德为代表的韩国生物科技园，重点推进一批韩国化妆品项目的引进；以乘鹰新材料、矽时代新材料、锦瑞医药等高科技新材料企业集群，重点推进项目如期竣工投产运行。

（二）聚集发展，带动企业快速成长

加快培育和发展高新技术产业和战略性新兴产业，不仅是当前促进我国经济发展产业升级、经济转型的有力手段，也是面向未来支撑和引领我国经济社会全面协调可持续发展的重大战略决策，是抢占未来产业发展制高点，推动经济发展走上创新驱动、内增生长轨道的必然途径。特色产业基地建设已成为大力培育和发展高新技术产业和战略性新兴产业的重要载体。通过龙头、骨干企业带动上下游关联企业聚集发展，促进企业快速成长，形成具有特色的优势产业群，对形成基地的产业规模效益，确立主导产业在国际国内两个市场的竞争优势具有较强的辐射带动效应。

《"十二五"国家战略性新兴产业发展规划》（国发〔2012〕28号）中提到，"围绕培育和发展战略性新兴产业，加强技术研发、集成应用和产业化示范，集中力量实施一批科技重点专项"，为特色产业基地发展提供了方向。《高新技术产业化及其环境建设"十二五"专项规划》（国科发计〔2012〕71号）中也明确指出，要"在一些有优势的地区，根据资源禀赋、产业特色、创新能力、人力资源等，发展具有广阔市场前景、资源消耗低、带动系数大、就业机会多、综合效益好的战略性新兴产业，培育一批战略性新兴产业集群，推动升级一批重点产业集群"。

案例24：推动产品系列化、规模化发展

国家火炬牡丹江硬质材料特色产业基地的碳化硅、碳化硼等硬质材料无论是生产规模，还是工艺水平，都处于国内同业市场前列。

案例24 碳化硅、碳化硼等硬质材料处于全国同行业前列

——国家火炬牡丹江硬质材料特色产业基地

基地的碳化硅、碳化硼等硬质材料无论是生产规模，还是工艺水平，始终处于全国同行业前列，产品品种由单一的碳化硼发展为碳化硅、碳化硼、特种陶瓷材料及其制成品等十几个品种。碳化硼精细陶瓷已实现年产30000件，占国际总量的15%，占国内的80%，碳化硼粉体材料生产能力可达1000吨，占全国实际需求量的55.5%。绿碳化硅粉体材料年出口量达2万多吨，占国际市场的60%。

案例25：龙头骨干企业在国内竞争优势明显

国家火炬计划新乡生物医药特色产业基地是国内青霉素和肌苷产品重要生产基地，血液制品、疫苗总体规模国内领先，是国内最大流感疫苗生产基地。

案例 25　华兰生物成为新乡市生物与新医药产业新的增长点

——国家火炬计划新乡生物医药特色产业基地

基地是全国青霉素和肌苷产品的重要生产基地，血液制品、疫苗总体规模在行业中处于全国领先地位，百咳静糖浆、百泉制药柴胡口服液等中药产品在全国占有较大份额。龙头企业华兰生物是我国规模最大、血浆综合利用率最高、品种规格最多的血液制品企业，年处理血浆能力达 2500 吨，能够生产 11 个品种、34 个规格的产品，是国内最大的流感疫苗生产基地、国家级创新型试点企业。华兰生物计划投资 30 亿元，引进单克隆抗体项目，建成后将实现主营业务收入 50 亿元，利税 30 亿元，成为新乡市生物与新医药产业新的增长点。

案例 26：集群发展效益显著

国家火炬哈尔滨抗生素特色产业基地目前拥有"哈药"、"三精"、"世一堂"、"盖中盖"四个中国驰名商标，创全行业及东北三省之最。如今基地已经发展成为国内头孢类产品品种最全、产量最大的产业集群。

案例 26　哈药集团的头孢菌素、青霉素及其系列产品形成规模

——国家火炬哈尔滨抗生素特色产业基地

基地目前拥有"哈药"、"三精"、"世一堂"、"盖中盖"四个中国驰名商标，创全行业及东北三省之最。基地内企业共有抗生类产品批准文号近 500 个，几乎覆盖所有抗生素领域。其中，哈药集团的头孢菌素、青霉素及其系列产品目前已经形成相当规模，系列制剂产品占有率居于国内首位，已经形成规模优势。头孢菌素及其半合成产品的开发生产，在国内已经形成了优势并占据主导地位。青霉素钠、头孢唑啉钠、头孢噻肟钠等品种的技经指标一直处于国内领先地位。国内已经批准上市的头孢品种有 30 个左右，哈药集团占 18 个；还有在研头孢品种 15 个，未来两三年将陆续上市，预计占到全球上市头孢品种 59 个的 55.9%（哈药集团将有 33 个）。如今基地已经发展成为国内头孢类产品品种最全、产量最大的产业集群。

案例27：创新资源集聚效应凸显

国家火炬江宁智能电网特色产业基地目前已集聚了国网电科院、南瑞继保、国电南自、南自ABB、中电电气、环宇集团、新联电子、光一科技、西门子电力等龙头科研院所、骨干企业及配套企业200多家。同时，基地在电网安全稳定分析与控制、继电保护、自动化控制、信息系统集成等高新技术的研究与应用方面，处于国内、国际领先地位，产品出口到世界30多个国家和地区。

案例27　创新资源集聚促基地创新发展
——国家火炬江宁智能电网特色产业基地

目前，基地已集聚了国网电科院、南瑞继保、国电南自、南自ABB、中电电气、环宇集团、新联电子、光一科技、西门子电力等龙头科研院所、骨干企业及配套企业200多家，国家高新技术企业达76家，上市企业8家。2015年，智能电网产业产值达600亿元，占当年全区工业总产值比重达20%，占全市智能电网产业比重近80%，占全省智能电网产业近1/4份额。

在电网安全稳定分析与控制、继电保护、自动化控制、信息系统集成等高新技术的研究与应用方面，处于国内、国际领先地位，产品出口到世界30多个国家和地区。国网电科院轨道交通直流保护系统、调度自动化系统、励磁产品、风电变流器均已出口国外，南瑞继保电力电子设备成功出口全球74个国家和地区，中电电气光伏组件出口欧洲，大全集团（江宁开发区生产基地）产品同时打入日本、中东、欧洲等国家和地区。

（三）因地制宜，促进产业转型升级

相比于依托中心城市的国家高新区和其他地级市特色产业基地以发展新兴产业为主而言，县域特色产业基地的传统产业分量较大，这些行业属于劳动密集、生产技术水平相对较低的产业。经过基地建设多年的引导和发展，通过推动新产品、新技术、新工艺、新设备在行业领域的应用，探索新型商业模式，有效促进了县域基地内的汽车、钢铁、石化、精细化工、机械制造等传统产业转型升级。

案例 28：探索"互联网+"工作新模式

国家火炬计划太原经济技术开发区煤机装备特色产业基地以促进煤机装备制造"成套化、规模化、集约化"发展为目标，通过探索"互联网+煤机"工作模式，已初步建成国内规模最大、煤机产品品种最全、产业链条较完整的煤矿成套设备研发制造及出口基地。

案例 28 　太重采煤机技术达世界领先水平

——国家火炬计划太原经济技术开发区煤机装备特色产业基地

基地以促进煤机装备制造"成套化、规模化、集约化"发展为目标，已初步建成国内规模最大、煤机产品品种最全、产业链比较完整的煤矿成套设备研发制造及出口基地。2015 年，太重煤机"MG1100/2860－WD 大功率大采高电牵引采煤机的研制与应用"项目通过中国煤炭工业协会鉴定，是自主研发的全国切割功率最大、一次采全高的采煤机，技术达世界领先水平。同时，基地积极开拓煤机市场，探索"互联网＋煤机"的工作新模式，引进了承担工信部"腾计划"的中国网库，推进煤机制造企业的电子商务应用，打造"煤矿机械单品全球销售平台"，通过互联网将基地的煤机产品向全国、全球进行推介。

案例 29：优化基地产业布局

国家火炬计划上海安亭汽车零部件产业基地提前布局新能源汽车，引领、带动上海嘉定区的传统汽车产业升级。

案例 29 　具有了"一业特强"的优势

——国家火炬计划上海安亭汽车零部件产业基地

基地依托汽车产业"一业特强"的独特优势，围绕汽车配套研发和新能源汽车进行产业布局，推进汽车科创特色功能区建设，拿出了漂亮的"成绩单"来阐释自己的"科创"理念。2015 年度基地工业总产值 822.6 亿元，税收 42.4 亿元，基地工业产值占全镇工业产值的 72.4%，是引领、带动地方经济发展和加快工业化、城市化进程的重要载体。

案例30：聚集骨干企业推进产业发展

国家火炬黄岛船舶与海工装备特色产业基地积极聚集中船重工青岛北海船舶重工有限责任公司等多家骨干企业，形成了以船舶和海洋工程制造为主导的大型产业集群。

案例30 形成产业集群发展

——国家火炬黄岛船舶与海工装备特色产业基地

基地聚集中船重工青岛北海船舶重工有限责任公司、青岛武船重工有限公司、海洋石油工程（青岛）公司、中国石油集团海洋工程（青岛）有限公司等国内著名船舶与海洋工程制造企业为龙头的骨干企业，规模以上企业总数达到12家，总投资已超过300亿元，产品涵盖船舶造修、海洋工程装备、海洋工程配套技术装备和服务设施、海洋工程模块设计和建造、港口机械、海洋仪器设备六大门类，形成了以船舶和海洋工程制造为主导的大型产业集群。

（四）提质增效，打造特色产业品牌

特色产业基地在促进区域经济发展的同时，注重区域协调发展，围绕提质增效，打造特色产业品牌，形成全链条的产业发展格局，全面提升基地产品在国内外的市场影响力，已取得重要进展。

案例31：形成了以设计为特色的产业链和产业网络

国家火炬计划环同济研发设计服务特色产业基地通过骨干企业引领，形成了以大型企业为支撑、中小型企业为主，相辅相成、共荣共生的企业结构。基地产业发展从比较单一的建筑规划设计产业链向涵盖工业、时尚、传媒的大设计产业延伸。

案例31 建成在世界范围内具有知名度和影响力的现代设计产业中心之一

——国家火炬计划环同济研发设计服务特色产业基地

基地通过骨干企业引领组合成了以设计为特色的产业链和产业网络，形成了以大型企业为支撑、中小型企业为主，相辅相成、共荣共生的企业结构。入住企业中包括

同济大学建筑设计研究院、同济大学城市规划设计研究院、上海市政工程设计研究院、上海邮电设计院等一批骨干企业、龙头企业，也有许多处于创立初期，创新能力强的中小设计企业。

上述两个层次形成了基地的共生共荣的产业群落，构筑了相伴共生的协作伙伴关系和利益同享、风险共担的联合体。产业发展从比较单一的建筑规划设计产业链向涵盖工业设计、时尚设计、传媒设计的大设计产业延伸。辐射引领作用强的现代设计产业集群，构建和完善完整的大设计产业链，使杨浦成为上海"设计之都"的核心城区和在全国一流、在世界范围内具有知名度和影响力的现代设计产业中心之一。

案例32：重点引进数字化新媒体广告相关企业

国家火炬南京建邺移动互联特色产业基地重点打造移动流媒体产业，引进多家新兴媒体企业，截至 2016 年 9 月，基地内数字化新媒体广告产业企业数达到 200 家以上，从业人数 7000 多人，累计实现营业收入 75 亿元，税收近 2.3 亿元。

案例32　重点打造移动流媒体及移动游戏产业
——国家火炬南京建邺移动互联特色产业基地

基地重点打造移动流媒体产业，引进如新华网、万得资讯、大贺集团、银都奥美、新与力文化、永达广告、德高广告、365HOUSE 等新兴媒体企业。其中，新华网是国家通讯社新华社主办的综合新闻信息服务门户网站，是中国最具影响力的网络媒体和具有全球影响力的中文网站，成立至今，已发展员工 150 人，业务年实现创收 4000 余万元。万得资讯是中国大陆内领先的金融数据、信息和软件服务企业，客户包括超过 90% 的中国证券公司、基金管理公司、保险公司、银行和投资公司等金融企业，在国际市场，已经被中国证监会批准的合格境外机构投资者中 75% 的机构是其客户。

四、切实推进创新活动

特色产业基地通过不断完善政策体系，创新管理机制，强化科技服务及人才培养，加强企业为主体、产学研结合的技术创新体系建设，在集聚创新要素资源、优化创新创业环境、支撑或培育特色优势产业发展方面发挥了重要作用，区域创新活动持续活跃。

（一）政策扶持力度持续加大

在"大众创业、万众创新"政策的引导下，各地为积极探索科技服务业促进产业创新发展的新模式和新机制，加大科技投入，打通科技成果向现实生产力转化的通道，增强产业转型升级的技术源头供给，制定并出台了一系列优惠政策，引导支持特色产业基地内企业创新创业。

如江苏省积极支持基地内企业申报省重点研发计划（产业前瞻与共性关键技术）、省科技成果转化专项资金等科技计划项目，择优支持基地内企业围绕基地特色主导产业开展前沿关键技术研发，加快突破一批高附加值、带动性强的核心与关键共性技术；《江苏省国民经济和社会发展第十三个五年规划纲要》强调要优化产业布局，建设徐州工程机械产业基地、连云港生物医药产业基地等一批重大产业发展平台和载体；苏州市政府先后出台了《苏州市推进特色产业基地建设的若干意见》、《苏州市特色产业基地认定标准及管理办法》等政策文件，加强规划和引导，指导特色产业基地建设工作纳入规范有序的轨道。山东济南先后出台了《关于完善科技创新体系加快高新技术产业发展的决定》、《济南市六大传统产业转型升级实施意见的通知》、《关于加强技术创新、加快发展高新技术产业的若干规定》等相关配套及扶持政策；济宁高新区为扶持生物技术、工程机械、纺织新材料、光电产业基地的发展，制定了《关于加快建设和发展济宁特色产业基地的若干意见》，决定每年拿出财力的2%～5%，重点支持基地内高科技研究与开发，规定基地企业除享受国家、省、市优惠政策以外，还可在专项资金、专利项目奖励、科技经费等方面得到扶持。陕西宝鸡高新区为扶持宝鸡石油钻采装备制造特色产业基地和宝鸡钛产业基地的发展，制定了《宝鸡高新区科技创新创业扶持奖励办法》，每年拿出 1000 万元财力，重点支持基地内高科技研究与开发，规定基地企业除享受国家、省、市优惠政策以外，还可在专项资金、专利项目奖励、科技经费等方面得到扶持。重庆市渝北汽车摩托车制造及现代服务特色产业基地出台了《关于发展众创空间推进大众创业万众创新的实施意见》（渝北委办发〔2015〕9 号），从众创空间认定、运营费用、租金补贴、培训活动、团队及企业培育、导师服务、科技投融资等多方面进行奖励和扶持。

（二）企业研发投入持续增长

特色产业基地坚持创新驱动发展，注重强化基地内企业自主创新能力的提升，积极引导企业加大研发投入力度，提升核心竞争力，增强发展后劲。2015 年，275 家特色产业基地内企业研发总投入达 1919.5 亿元，同比 2011 年增长 14.7%。"十二五"期间，除 2012 年增长较快达到 2554.1 亿元，其他年份均保持了较平稳的增幅。见表 18 及图 8。

表 18 特色产业基地"十二五"企业研发投入汇总表

年份	2011	2012	2013	2014	2015
企业研发投入（亿元）	1673	2554.1	1988	1894.6	1919.5

注：表中统计基础为 2011～2015 年可比数据（275 家基地）。

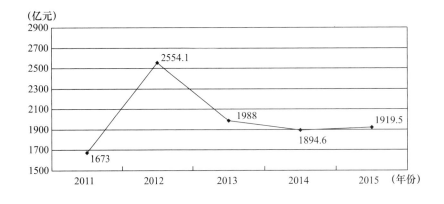

图 8 特色产业基地"十二五"研发投入强度趋势图

（三）知识产权产出大幅增加

2015 年，275 家特色产业基地申请国内专利数量达 205827 件，较 2011 年增长 83.4%；申请国外专利数量达 1940 件，同比增长 188.7%。

"十二五"期间，发明专利及实用新型专利数量也呈逐渐增长的态势。2015 年，发明专利 57705 件，实用新型专利 87870 件，分别占当年基地内国内申请总数的 28.0% 和 42.7%，基地内企业的创新能力不断增强。见表 19。

表 19 特色产业基地"十二五"申请专利数　　　　　　　　　　单位：件

年份	2011	2012	2013	2014	2015
申请国外专利数	672	999	1234	1077	1940
申请国内专利数	112207	143464	195240	178800	205827
其中：发明专利	22628	33325	45177	47152	57705
实用新型专利	48893	54512	71692	71687	87870

注：表中统计基础为 2011～2015 年可比数据（275 家基地）。

"十二五"期间，专利授权数持续上涨，由 2011 年的 67085 件增加到 2015 年的 119069 件，反映出特色产业基地内企业的创新与研发能力在不断提升；软件著作权登记数量保持增长态势，数据显示，2015 年特色产业基地软件著作权登记数达 5025 件，同比 2011 年增长 94.0%。见表 20、表 21 及图 9、图 10。

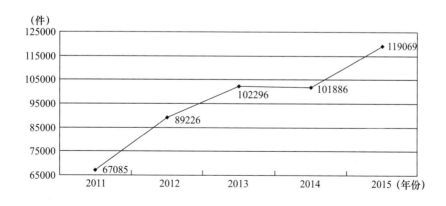

图 9 特色产业基地"十二五"专利授权数增长趋势图

表 20 特色产业基地"十二五"专利授权统计表

年份	2011	2012	2013	2014	2015
专利授权（件）	67085	89226	102296	101886	119069

注：表中统计基础为 2011～2015 年可比数据（275 家基地）。

表 21 特色产业基地"十二五"软件著作权登记数情况表

年份	2011	2012	2013	2014	2015
软件著作权登记（件）	2590	3421	3965	4118	5025

注：表中统计基础为 2011～2015 年可比数据（275 家基地）。

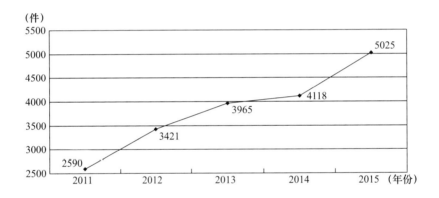

图 10 特色产业基地"十二五"软件著作权登记数增长趋势图

（四）科技成果转化取得实效

特色产业基地通过推动技术创新和科技合作交流，有效促进科技成果转化为现实生产力。

案例 33：积极开展科技合作交流

国家火炬计划克拉玛依石油石化特色产业基地积极开展科技合作交流，成功举办首届"新疆石油石化科技成果暨专利技术交易会"。

案例 33　科技成果暨专利技术交易会

——国家火炬计划克拉玛依石油石化特色产业基地

基地积极推动科技成果转化。首届"新疆石油石化科技成果暨专利技术交易会"吸引了国内 73 家单位的 759 项转让成果（专利）及 39 家单位的 93 个项目需求信息进行交流、交易，23 家企业与科研机构、高校院所签订合作协议；石油石化地方企业在第八届"科洽会"上签约项目 2 项，签约金额总计 124.5 万元。

案例 34：强化与高校院所的合作，积极完善科技成果转移转化服务体系

国家火炬苏州汽车零部件特色产业基地积极与国内外知名高校、科研院所建立紧密的合作关系，建立技术转移中心、技术展示交易中心等服务平台，着力打造完善的科技成果转移转化服务体系。

案例 34　建设科技成果转移转化服务平台

——国家火炬苏州汽车零部件特色产业基地

基地积极完善成果转移转化服务体系，如相城区已经和浙江大学、西安交通大学等高校建立合作关系，其中浙江大学在相城区建立了浙江大学（相城）技术转移中心，并于 2011 年成为国家技术转移示范机构；工业园区结合国家专利技术（苏州）展示交易中心的品牌优势和 Soopat 专利搜索引擎的流量资源，园区正在构建专利技术展示交易网站，通过功能和模式的创新，力争使该网站成为全国性的专利展示交易的平台；浙江大学在苏州高新区成立了浙江大学苏州工业技术研究院，将技术合作与转移作为工研院的一个重要职能。

（五）新型孵化体系方兴未艾

特色产业基地按照创新型孵化器发展模式，结合基地产业引进创客，加快发展"众创空间"等一系列创业孵化服务链，逐步形成"创客、投资、孵化"的新模式，为小微企业创新创业提供载体、服务和产业支撑。

案例 35：建立完善的创新创业孵化链条

江苏省大力实施"创业江苏"行动计划，推进众创空间、孵化器、加速器、产业园等载体建设，着力打造完善的科技创业孵化链条。

案例 35　江苏省着力打造完善的科技创业孵化体系

江苏省积极鼓励和引导特色产业基地围绕特色产业发展，打造由龙头骨干企业、中小微企业、科研院所、高校、创客等多方协同，产学研用紧密结合的众创空间；加快建设科技企业孵化器、科技创业孵化链条等创业载体。全省80%以上的基地已建有省级以上众创空间，其中南京、苏州、宿迁众创空间建设已实现各产业基地全覆盖；全省火炬特色产业基地内的科技企业孵化器、大学科技园等各类载体达267家，占全省的近50%，特色产业基地已成为各地推进创新创业、加快发展方式转变的重要力量。

案例 36：实施孵化器倍增计划

广东省通过实施孵化器倍增计划，推进创业孵化体系建设，率先形成"前孵化器（众创空间）—孵化器—加速器—专业园区"完整孵化链条。

案例 36　广东省积极引导各类主体开展孵化器建设

广东省大力实施孵化器倍增计划，引导各类主体开展孵化器建设，重点依托各类产业园区、高校科研院所、新型研发机构、大型龙头企业等建设科技企业孵化器，率先形成"前孵化器（众创空间）—孵化器—加速器—专业园区"完整孵化链条。2015年共有科技企业孵化器68个。各地也大力推进创业孵化体系建设。

江门半导体照明特色产业基地2015年成功创建全国小微企业创业创新示范城市核心区、国家创新型特色园区和中国江门"侨梦苑"华侨华人创新产业聚集区3个国家级平台，"双创双引"的国字号平台建设卓有成效，该基地建成和在建的科技企业孵化器、加速器 23 万平方米，筹建 30 万平方米。

湛江海洋产业基地积极构建孵化育成体系，目前已建成科技企业孵化器 6 家，众创空间 4 家，其中市级科技企业孵化器 2 家，国家级、省级众创空间（试点）1 家。拥有孵化场地面积 2.2 万多平方米，已有入驻团队 269 个，创业创新人数 1500 多人，其中，入孵企业 231 家，大学生创业团队 225 个，技术服务平台 12 个，中介服务机构 9 个。

案例 37：打造各类科技服务平台和载体

厦门市依托特色产业基地，积极打造各类科技服务平台和载体。

案例 37 厦门市"苗圃—孵化器—加速器—产业园"的一体化创业培育体系

厦门市依托特色产业基地，积极打造各类科技服务平台和载体。截至 2015 年底，全市共有众创空间 35 家（省级 13 家、国家级 2 家）、科技企业孵化器 12 个（国家级 4 个）、加速器 2 个，形成了若干"苗圃—孵化器—加速器—产业园"的一体化创业培育体系。

（六）"双创"环境进一步优化

特色产业基地通过举办创新创业大赛、路演、培训等一系列活动，强化了公共服务，引导社会参与，为创新人才和团队实现"创新创业"梦想营造了良好环境。

案例 38：为创业创新人才提供支撑

案例 38 为创业创新人才提供支撑

厦门特色基地充分发挥厦门对台优势，依托园区载体平台，出台配套扶持政策，实施两岸名校大学产学研合作，吸引了一大批台湾科技人员入驻基地，有力推动了厦门引才工作的整体开展。如海沧区生物与新医药基地，对入选国家"千人计划"、厦门市"双百计划"的创新创业人才创办企业，给予 5 年内免租金扶持。

案例 39：组织开展创业辅导及职业技能培训

山东省支持基地企业参加创新创业大赛、创新成果展览、创意设计赛等一系列活动，培育企业、培训人才、创造就业岗位。

案例 39　山东省支持基地企业参加创新创业的一系列活动

山东省支持基地企业参加创新创业大赛、创新成果展览、创意设计赛等一系列活动，释放创新潜力，传播创业理念，加强创新创业辅导，开展模拟实训教学，发挥创业导师作用。

东营石油装备特色产业基地搭建的创业实训服务平台拥有 8 人的管理团队、26 名创业导师团队和 10000 平方米的创业场地，通过建设石油装备创业实训模拟环境开展创业辅导，目前已累计实训培育企业 80 家，培训人才 720 人次，创造就业岗位 6400 多个。同时，定期组织企业、商户开展线上线下培训活动，现已吸引 100 余家电商、微商、大学生创业团体入驻。成立临沂市首家科技企业孵化器创新联盟，为软件企业提供资源共享平台，大大提高孵化器资源配置的效率，推动基地企业形成合力。2015 年针对企业创业、投融资、知识产权保护等内容开展专业培训 12 次，联合临沂大学和临沂职业技术学院举办多场招聘会，吸引 80 余家企业参加，为企业补充短缺人才 200 余人。

五、助力区域经济发展

特色产业基地已经成为促进地方区域（县域）经济发展的主要抓手。近年来，特色产业基地在引导地方发展高新技术产业、培育区域经济发展新动能、完善和延伸特色产业发展全链条，促进产业结构优化升级等方面的成效已显现。特色产业基地有效聚集了优势资源，推动了地方产业结构调整和优化升级，成为推动区域经济增长的重要力量，"十二五"期间基地各项经济总体指标基本保持良好的发展势头。

（一）促进地方经济保持平稳增长

通过对 275 家基地主要经济指标对比分析，"十二五"期间，特色产业基地经济实力呈现逐年增长、稳步提升势头。2015 年，275 家基地的工业总产值、总收入、出口创汇额、上缴税额、净利润分别达到 76111.3 亿元、72168.4 亿元、1412.9 亿美元、4042.8 亿元、4935.1 亿元，较 2011 年分别增长了 33.8%、25.9%、19.2%、15.4%、14.4%，复合增长率（年平均增速）分别达到 7.6%、5.9%、4.5%、3.6%、3.4%。见表 22。

表 22　特色产业基地"十二五"经济发展汇总表

	工业总产值（亿元）	总收入（亿元）	出口创汇额（亿美元）	上缴税额（亿元）	净利润（亿元）
2011	56867.5	57309.2	1185.2	3504.4	4314.4
2012	62054.6	61202.6	1216.2	3621.3	4523.6
2013	70966.1	66169.7	1356.2	3970.1	5032.7
2014	73356.8	69760.1	1409.4	4142.2	4924.9
2015	76111.3	72168.4	1412.9	4042.8	4935.1
2011~2015 年增长率（%）	33.8	25.9	19.2	15.4	14.4
2011~2015 年复合增长率（%）	7.6	5.9	4.5	3.6	3.4

（二）成为地方经济发展重要支柱

特色产业基地坚持依靠科技创新引领和带动区域特色产业优化升级及产业结构调整，积极推动特色产业发展成为当地的支柱产业或主导产业，成为区域经济发展的新亮点及新动能。

案例 40：对地方经济社会发展发挥显著支撑作用

江苏省特色产业基地数量位居全国第一，已经发展成为该省培育和推动特色高新技术产业发展的重要载体，高新技术产业规模化、特色化和集群化发展的重要产业集聚地，促进科技与经济结合、加快科技成果转化、推动产业技术创新的重要基地。

案例 40　江苏省：特色产业基地总产值占全省规模以上工业总产值的 19.8%

江苏省紧紧围绕特色产业发展，汇聚优势优质资源，强化产业链、创新链、资金链的协同发展，营造良好创新创业环境，特色产业基地建设取得了较快发展。2015 年，基地实现总产值超 30000 亿元，占全省规模以上工业总产值的 19.8%，平均产值规模达 270 亿元，实现总收入 30000 亿元、净利润 2100 亿元、上缴税收 1800 亿元，对江苏省经济社会发展和自主创新能力建设发挥了显著支撑和带动作用。

案例 41：助力地方经济快速增长

山东省特色产业基地依靠科技创新，培育发展高新技术产业，各项经济指标不断攀升，经济增长明显优于当地经济的平均增长幅度。

案例 41　山东省：特色产业基地发展占当地经济总量的比重不断增大

山东省国家特色产业基地依靠科技创新，调整优化产业结构，大力培育发展高新技术产业，各项经济指标不断攀升，有力推动经济社会持续健康发展。2015 年，全省特色产业基地实现工业总产值 12127.4 亿元，总收入达到 11776.1 亿元，出口创汇 163.5 亿美元，实现净利润 839.0 亿元，上缴税金 499.9 亿元。目前，山东省基地的经济增长明显优于当地经济的平均增长幅度，各市也围绕产业发展需求，进一步加快特色产业基地建设步伐，基地数量不断增加，涵盖产业领域更加宽泛，占当地经济总量的比重不断增大。

案例 42：成为发展地方特色高新技术产业和区域优势产业的重要载体

陕西省特色产业基地围绕特色产业发展，集聚各方资源和力量，加快以基地带动区域经济的发展建设，促进了区域经济社会全面协调可持续发展，取得了显著成效。

案例 42　陕西省：特色产业基地是发展地方特色
高新技术产业和区域优势产业的重要载体

陕西省以火炬特色产业基地为依托，围绕特色产业发展，集聚各方资源和力量，加快以特色产业基地带动区域经济的发展建设，取得了显著成效，促进了区域经济社会全面协调可持续发展。据不完全统计，2015 年火炬产业基地实现工业总产值 1370.1 亿元，实现总收入 1378.3 亿元，上缴税金 109.1 亿元。高新技术产业产值年均增幅高出 8 个百分点。基地累计吸纳就业人数 138787 人次，年均新增就业岗位 3000 多个。2015 年特色产业基地生产总值能耗较上年降低 4%，空气污染物排放总量较上年下降 10% 左右。火炬产业基地聚集了自身产业中的人才、技术、资金和市场，带动了区域社会经济的发展，成为继国家高新技术产业开发区后，发展地方特色高新技术产业和区域优势产业的重要载体，成为促进区域经济持续发展的增长点，加快地方产业结构调整和优化的助推器，推动科技创新和科技成果转化的重要基地。

案例43：依托特色产业基地建设推动产业优化升级

江西省把特色产业基地建设作为推进科技创新工程和促进区域经济转型升级的重要抓手，围绕地方特色优势产业，推动了地方产业结构调整和优化升级。

案例 43　江西省：紧扣地方特色优势建设特色产业基地

江西省特色产业基地已成为区域产业结构调整和优化升级的重要载体，在赣州形成了金属新材料产业的集聚，在景德镇实现了陶瓷新材料产业的集聚，在九江形成了有机硅材料产业的集聚，在萍乡实现了粉末冶金产业的集聚，各个地区依托优势产业打造的火炬特色产业基地，有效聚集了地方特色优势资源，推动了地方产业结构调整和优化升级，各项经济指标一直保持着良好的发展势头。

案例44：支撑地方经济社会发展

济南市 12 家特色产业基地内的企业达到 2490 家，实现工业总产值达 1984.8 亿元，经济规模基本占到济南市 GDP 的 1/3。

案例 44　特色产业基地成为支撑济南经济社会发展的重要力量

济南市建有 12 家特色产业基地，涉及产业主要分布在电子信息、新能源、先进制造、新材料、节能环保、新材料、生物医药等高新技术领域，几乎涵盖了济南市所有支柱产业，2015 年，济南市 12 家特色产业基地内的企业达到 2490 家，实现工业总产值达 1984.8 亿元，基本占到济南市 GDP 的 1/3，成为支撑济南经济社会发展的重要力量。

案例45：培育地方经济发展的新动能

国家火炬益阳机械与装备制造特色产业基地注重产业聚集能力建设，向技术高端、高附加值产品进军，大力培育地方经济发展新动能。

案例 45　产业集群正积极向技术高端、高附加值产品进军
——国家火炬益阳机械与装备制造特色产业基地

基地注重产业聚集能力建设，初步形成了以益阳橡机、新华美机电为主的橡塑机械产业集群，以科力远、中科恒源等企业组成的新能源装备产业集群，以太阳鸟、中海船舶等企业组成的特种船舶产业集群，以三一中阳、康益机械等企业组成的工程机械产业集群。以上产业集群正积极向技术高端、高附加值产品进军，2015 年，全年完成产品总销售收入 481.0 亿元，同比增长 11.3%；完成工业增加值 156.1 亿元，同比增长 10.8%；完成高新技术产业总产值 249.5 亿元，同比增长 14.3%；财税总收入完成 16.4 亿元，同比增长 5.6%；出口创汇 23210 万美元，成为带动益阳经济社会发展的主要动力源。

（三）推动县域经济蓬勃发展

县域经济是国民经济的重要基础，提升经济发展质量效益，改革优化供给结构，构筑创新发展长远优势，活力在县域。特色产业具有较强的市场竞争力和产业带动能力，最能体现出县域的经济特色，是县域经济的重要依托。实践表明，特色产业基地建设是扶植县域重点产业和加快县域经济发展的重要平台。通过对275家特色产业基地进行统计，其中有199家基地属于县域级基地，占基地总数的72.4%。统计数据显示，县域特色产业基地发展状况良好。

1. 县域特色产业基地发展现状

（1）营造了有利于产业发展的创新环境。特色产业基地积极营造良好的创新创业环境，加速推动科技创新创业，支撑特色产业转型升级。截至2015年，199家基地共有国家工程技术中心113个；国家工程研究中心56个；省级企业技术中心1987个；市级企业技术中心3952个；企业博士后工作站492个；产品检验检测平台471个，分别比2011年增长了15.3%、55.6%、62.7%、93.2%、74.5%、50.0%。基地内服务机构1639个，其中孵化器458个，生产力促进中心222个，技术转移机构189个，技术担保机构174个，行业组织272个，分别比2011年增长了30.7%、70.9%、35.4%、83.5%、72.3%、22.5%。增幅比较大的是市级企业技术中心、企业博士后工作站、孵化器、技术转移机构和技术担保机构。数据显示，特色产业基地创新创业环境进一步优化。见表23、表24。

表23 199家县域特色产业基地"十二五"研发机构汇总表 　　　单位：个

年份	2011	2012	2013	2014	2015
国家工程技术中心	98	101	98	105	113
国家工程研究中心	36	48	52	72	56
省级企业技术中心	1221	1393	1644	1873	1987
市级企业技术中心	2046	2645	3350	3754	3952
企业博士后工作站	282	316	387	461	492
产品检验检测平台	314	352	395	444	471

注：表中统计基础为2011~2015年可比数据（199家县域基地）。

表 24　199 家县域特色产业基地"十二五"服务机构汇总表　单位：个

年份	2011	2012	2013	2014	2015
基地内服务机构	1254	1334	1406	1534	1639
其中：孵化器	268	282	332	392	458
生产力促进中心	164	176	182	213	222
技术转移机构	103	122	153	172	189
技术担保机构	101	111	143	163	174
行业组织	222	238	229	257	272

注：表中统计基础为 2011～2015 年可比数据（199 家县域基地）。

（2）提升了企业技术创新能力。特色产业基地不断积聚创新要素，支持、引导和促进企业成为技术创新的主体。2015 年，199 家特色产业基地内企业承担的各类国家级项目 1436 项，省级科技项目 2461 项，市级科技项目达到 3163 项；引导企业研发投入从 2011 年 1120.2 亿元增长到 2015 年的 1392.7 亿元，增长 24.3%。基地整体创新能力不断增强，2015 年，基地国内专利申请数达到 15.7 万件，其中发明专利 4.1 万件，实用新型专利 6.3 万件；国外专利申请数达 1442 件；软件著作权登记 3485 件；当年专利授权数达 9.1 万件，其中发明专利授权数 1.1 万件，比 2011 年均有较大的增幅。见表 25、表 26。

表 25　199 家县域特色产业基地"十二五"企业研发投入汇总表　单位：亿元

年份	2011	2012	2013	2014	2015
企业研发投入	1120.2	1970.5	1418.0	1365.7	1392.7

注：表中统计基础为 2011～2015 年可比数据（199 家县域基地）。

表 26　199 家县域特色产业基地"十二五"申请专利数　单位：项

年份	2011	2012	2013	2014	2015
申请国外专利数	466	717	848	855	1442
申请国内专利数	86993	112220	158422	142243	156753
其中：发明专利	16788	24751	33564	35167	40960
实用新型专利	35999	40045	53171	53637	63411

注：表中统计基础为 2011～2015 年可比数据（199 家县域基地）。

（3）形成大中小企业协同发展的局面。特色产业基地充分发挥龙头带动作用，依托骨干企业，促进上下游企业加快集聚，形成了骨干企业"顶天立地"、中小企业"铺天盖地"的蓬勃发展态势。2015年数据显示，199家基地内的企业数为88283家，其中，高新技术企业5765家，国内上市企业389家，境外上市企业106家。数据显示，2015年基地企业数量较2011年有34.5%的增幅，基地企业创新能力和质量有了较大的提高，例如基地内高新技术企业数和上市企业数分别比2011年增加61.6%、43.5%。见表27。

表27　199家县域特色产业基地"十二五"企业汇总表　　　　单位：家

年份	2011	2012	2013	2014	2015
企业总数	65647	69973	78280	86427	88283
其中：高新技术企业	3568	4129	4567	5259	5765
国内上市企业	220	238	275	294	389
境外上市企业	125	73	77	85	106

注：表中统计基础为2011～2015年可比数据（199家县域基地）。

（4）促进大批人才向特色产业基地集聚。特色产业基地建设集聚了大批创新创业人才，截至2015年，199家基地从业人员总数为598.5万人，研发人员总数为56.3万人，博士数量达到1.1万人，基地从业人员总数、研发人员总数比2011年分别增长8.0%、6.6%。人才的集聚，为地方产业发展提供了关键支撑。见表28。

表28　199家县域特色产业基地"十二五"从业人员汇总表

年份	2011	2012	2013	2014	2015
企业人员总数（万人）	554.4	556.3	564.0	577.9	598.5
企业研究开发人员（万人）	52.8	51.1	54.2	55.4	56.3
大专及以上学历人数（万人）	152.2	149.3	163.9	168.8	176.4
大专及以上学历人员占比（%）	27.5	26.8	29.1	29.2	29.5
硕士学历人员占大专及以上人员比例（%）	2.9	3.2	3.4	3.9	4.0
博士学历人员占大专及以上人员比例（%）	0.5	0.6	0.6	0.6	0.6

注：表中统计基础为2011～2015年可比数据（199家县域基地）。

（5）推动县域经济总量不断增长。随着特色产业基地数量和经济总量的快速增长，特色产业基地在地方经济发展中的引领作用日益突出，成为县域特色优势产业集聚的重要载体以及推动县域经济增长的重要引擎。数据显示，2015 年 199 家县域特色产业基地实现工业总产值 53241 亿元、总收入 49546.1 亿元、出口创汇额 1111.2 亿美元、上缴税额 2733.9 亿元、净利润 3261.4 亿元，比 2011 年分别增加 39.8%、28.3%、32.7%、26.2%、16.3%。见表 29。

表 29　199 家县域特色产业基地"十二五"经济发展汇总表

	工业总产值（亿元）	总收入（亿元）	出口创汇额（亿美元）	上缴税额（亿元）	净利润（亿元）
2011 年	38075.3	38602.7	837.6	2166.5	2805.2
2012 年	41956.6	41505.8	923.9	2232.4	2993.6
2013 年	49600.3	44959.5	1035.4	2414.3	3310.3
2014 年	50111.2	46523.1	1075.0	2507.4	3039.7
2015 年	53241.0	49546.1	1111.2	2733.9	3261.4
2011～2015 年增长率（%）	39.8	28.3	32.7	26.2	16.3
2011～2015 年复合增长率（%）	8.7	6.4	7.3	6.0	3.8

注：表中统计基础为 2011～2015 年可比数据（199 家县域基地）。

2. "十二五"期间县域特色产业基地发展情况

"十二五"期间，199 家基地经济发展指标总体好于 275 家基地的平均发展水平，特色产业基地建设对推动县域经济发展作用更加突出。

（1）工业总产值。"十二五"期间，199 家基地工业总产值由 2011 年的 38075.3 亿元增长至 2015 年的 53241 亿元，占 275 家基地工业总产值的比例由 67.0% 上升至 70.0%，提升了 3 个百分点。工业总产值年均复合增速为 8.7%，较 275 家基地年均复合增速 7.6% 高出 1.2%。见表 30。

表 30　"十二五"县域特色产业基地实现工业总产值情况

	2011 年	2012 年	2013 年	2014 年	2015 年	年均复合增速（%）
275 家基地工业总产值（亿元）	56867.5	62054.6	70966.1	73356.8	76111.3	7.6
199 家县域基地工业总产值（亿元）	38075.3	41956.6	49600.3	50111.2	53241.0	8.7
县域基地占比（%）	67.0	67.6	69.9	68.3	70.0	—

（2）总收入。"十二五"期间，199家基地总收入由2011年的38602.7亿元增长至2015年的49546.1亿元，占275家基地总收入的比例由67.4%上升至68.7%，提升了1.3个百分点。总收入平均复合增速为6.4%，比275家基地平均增速高0.5%。见表31。

表31　"十二五"县域特色产业基地实现总收入情况

	2011年	2012年	2013年	2014年	2015年	年均复合增速（%）
275家基地总收入（亿元）	57309.2	61202.6	66169.7	69760.1	72168.4	5.9
199家县域基地总收入（亿元）	38602.7	41505.8	44959.5	46523.1	49546.1	6.4
县域基地占比（%）	67.4	67.8	67.9	66.7	68.7	—

（3）净利润。"十二五"期间，199家基地净利润由2011年的2805.2亿元增长至2015年的3261.4亿元，占275家基地净利润的比例由65.0%上升至66.1%，提升了1.1%。净利润年均复合增速为3.8%，比275家基地年均复合增速高0.4%。见表32。

表32　"十二五"县域特色产业基地净利润情况

	2011年	2012年	2013年	2014年	2015年	年均复合增速（%）
275家基地净利润（亿元）	4314.4	4523.6	5032.7	4924.9	4935.1	3.4
199家县域基地净利润（亿元）	2805.2	2993.6	3310.3	3039.7	3261.4	3.8
县域基地占比（%）	65.0	66.2	65.8	61.7	66.1	—

（4）上缴税金。"十二五"期间，199家基地上缴税金由2011年的2166.5亿元增长至2015年的2733.9亿元，占275家基地上缴税金的比例由61.8%上升至67.6%，提升了5.8%。上缴税金年均复合增速为6.0%，比275家基地年均复合增速高2.4个百分点。见表33。

表33　"十二五"县域特色产业基地上缴税金情况

	2011年	2012年	2013年	2014年	2015年	年均复合增速（%）
275家基地上缴税金（亿元）	3504.4	3621.3	3970.1	4142.2	4042.8	3.6
199家县域基地上缴税金（亿元）	2166.5	2232.4	2414.3	2507.4	2733.9	6.0
县域基地占比（%）	61.8	61.6	60.8	60.5	67.6	—

（5）出口创汇。"十二五"期间，199 家基地出口创汇额由 2011 年的 837.6 亿美元增长至 2015 年的 1111.2 亿美元，增长了 32.7%，年均复合增速为 7.3%，比 275 家基地年均复合增速高 2.8 个百分点；所占 275 家基地出口创汇额的比例由 70.7% 上升至 78.6%，提升了 7.9 个百分点。见表 34。

表 34 "十二五"县域特色产业基地出口创汇情况

	2011 年	2012 年	2013 年	2014 年	2015 年	年均复合增速（%）
275 家基地出口创汇（亿美元）	1185.2	1216.2	1356.2	1409.4	1412.9	4.5
199 家县域基地出口创汇（亿美元）	837.6	923.9	1035.4	1075.0	1111.2	7.3
县域基地占比（%）	70.7	76.0	76.3	76.3	78.6	—

3. 加快推动县域经济发展与产业转型升级

特色产业基地建设充分利用产业集群优势，不断提升特色化、专业化程度，增强了产业整体竞争力，行业发展的影响力在全国范围内日益显著，有力地推动了特色产业的发展，促进了县域经济的提升，成为支撑各地发展的经济引擎和主导力量。

案例 46 湖北省积极为当地经济社会又好又快发展提供科技支撑

湖北省面向区域特色产业以及科技型中小企业的发展需求，统筹创新资源，通过项目牵引、投资驱动、平台支撑和政策促进，引导本区域企业突破一大批产业关键技术，借此推动科技型中小企业的快速成长，分类型指导、分阶段扶持、分方向培植一批上市后备企业、上市企业和细分市场龙头企业。各基地现已发展成为当地高新技术产业的中坚力量，为当地经济社会又好又快发展提供了重要的科技支撑。襄阳汽车动力与部件产业基地作为东风日产高档车的生产基地，拥有英菲尼迪、楼兰、天籁等高端品牌，市场占有率在全国名列前茅，2015 年综合市场占有率达到 17.1%。在国内汽车细分市场，中重卡、SUV、中客排名第一位，轻卡、轻客排名第二位，轿车排名第三位。应城精细化工新材料特色产业基地在应城市经济结构中占有重要地位。2015 年，基地工业增值 65.4 亿元，占应城市当年 GDP 的 32.6%；基地上缴税收 12.5 亿元，占应城市财政收入的 50% 以上。

案例47 主导产业发展壮大成为全市的支柱产业

——国家火炬兰溪差别化纤维及纺织特色产业基地

基地已集聚纺织企业1700多家，解决了5万多人的就业问题。兰溪的牛仔布产量全省第一，纯棉弹力休闲面料产量全国第一，并先后荣获了"中国织造名城"、"中国纺织产业基地市"、"国家纺织服装人才培养基地"等十多种殊荣，还打造了"浙兰纺织"这一全省名牌。依托基地创建工作的不断深入，兰溪市推进"机器换人"，累计引进世界先进喷气织机13000多台，减少用工1/3以上；纺织产业发展壮大成为全市的支柱产业，行业产值、销售均占全市总额的1/3以上，外贸出口额占全市一半以上。在严峻的宏观经济形势下，兰溪纺织行业逆势上扬，带动了其他行业的发展，成为全市经济社会发展的一道亮丽风景。

案例48 自主品牌在国内外市场的影响力不断提升

——国家火炬计划灵武羊绒产业基地

基地基本形成了以羊绒精深加工、羊毛纱线、亚麻面料、高档服饰、产品研发及物流配送为重点的多元化现代纺织产业发展格局。

每年分梳羊绒8000吨，居全球首位；供应了欧洲70%以上的精纺绒、中国60%以上的精品无毛绒；3000吨羊绒纱产量也使基地跻身全国羊绒纱线生产基地前列，绒条、纺纱、毛衫等羊绒制品精深加工比重约占全国的一半。部分羊绒企业在产品设计方面开始尝试与国际接轨，逐渐形成了羊绒产品设计优势。成功培育了"千堆雪"、"绒典"、"绒意"、"菲洛索菲"、"灵州雪"、"帕雪兰"、"塞上雪儿"等一批自主品牌；嘉源绒业"绒典"、中银绒业"思诺芙德"、"菲洛索菲"先后被评为中国驰名商标。400多家品牌店覆盖全国一线城市，11类产品销往欧美等43个国家和地区。连续举办五届"中国（灵武）国际羊绒节"，自主品牌在国内外市场的影响力不断提升。2015年，境内年流通原绒8000吨左右，约占世界50%、全国60%；完成工业总产值166亿元，出口创汇近3.05亿美元，累计解决1万余人的就业问题。基地主导产业国内市场占有率达 50%，对全市 GDP 的贡献达到 13.3%，对财政的贡献率到 8.6%。基地发展走出了一条超常规、跳跃式的发展路子，灵武已成为中国乃至世界重要的羊绒集散地和羊绒制品加工中心，国际羊绒产业基地地位初步确立，享有"世界羊绒看中国、精品羊绒在灵武"的美誉。

案例49 主导产业成为敦化重点支柱产业
——国家火炬敦化中药特色产业基地

中药产业是吉林敦化市的重点支柱产业之一，是敦化市经济发展的优势带动产业。2015 年敦化市地区生产总值实现 190 亿元，其中国家火炬敦化中药特色产业基地完成工业总产值 65 亿元，占全市 GDP 的 34.2%；地方财政收入实现 14.3 亿元，其中基地完成缴税 2.3 亿元，占地方财政收入的 16%，基地的发展为敦化市经济的发展做出了重要的贡献。

（四）加速对外贸易转型升级

特色产业基地积极发挥自身优势，整合资源，鼓励创新，创造出大量具有国际水准的高附加值产品，充分利用国内和国际两个市场，逐渐扩大出口，不断增强国际竞争力。"十二五"期间，特色产业基地出口创汇额稳步提升，从 2011 年的 1185.2 亿美元达到 2015 年的 1412.9 亿美元，出口创汇复合增长率为 4.5%。见表 35。

表35 特色产业基地"十二五"出口创汇额及年增长情况统计表

年份	2011	2012	2013	2014	2015
出口创汇额（亿美元）	1185.2	1216.2	1356.2	1409.4	1412.9
年增长率（%）	—	2.6	11.5	3.9	0.2

注：表中统计基础为 2011~2015 年可比数据（275 家基地）。

案例50：打造环保行业交流平台

江苏盐城国际环保产业博览会以"环保科技沙龙、低碳产业盛会、合作交易平台"为主题，打造国内最权威、最专业、最具影响力的环保行业交流平台，吸引了国内外参展商2000多家，在行业内形成了较强的品牌影响力。

案例50　集聚了中电投、中建材、龙净、菲达等

全国大气治理前十强企业

——国家火炬计划盐城环保装备特色产业基地

国家火炬计划盐城环保装备特色产业基地在绿色能源、清洁生产、区域治理、环保新材料等领域形成了8大技术体系，集聚了中电投、中建材、龙净、菲达等全国大气治理前十强企业，吸引美国明尼苏达大学、中科院、清华大学、南京大学、同济大学等国内外高校科研院所入驻，引进院士12名，国家"千人计划"专家8名，博士以上高层次人才338名，创新型高层次人才团队12个，会聚各类研发人才千余名，建成中欧环保技术转移中心、清华大学盐城环保工程研究院、南京大学盐城环保研究院等创新平台21家、国家级企业研发机构11家，烟气治理全案解决方案能力全国领先，享有"中国烟气治理之都"的美誉。2015年，基地共实现地区生产总值54.4亿元，同比增长18.2%。

六、实现效率效益双提升

（一）2015 年指标前十位排名

2015 年，384 家总收入位于前 3 位的特色产业基地分别为国家火炬惠州智能视听产业基地、国家火炬吴江（盛泽）新兴纺织纤维及面料特色产业基地、国家火炬计划克拉玛依石油石化特色产业基地，总收入分别达到 2521.8 亿元、2240.2 亿元、1768.2 亿元。

2015 年总收入前十名基地名单见表 36。前一百名基地名单详见本报告附表 13。

表 36　2015 年特色产业基地总收入前十名基地

序号	所在地	产业基地名称	总收入（亿元）
1	广东	国家火炬惠州智能视听特色产业基地	2521.8
2	江苏	国家火炬吴江（盛泽）新兴纺织纤维及面料特色产业基地	2240.2
3	新疆	国家火炬计划克拉玛依石油石化特色产业基地	1768.2
4	广东	国家火炬计划广州花都汽车及零部件产业基地	1356.8
5	江苏	国家火炬计划南京雨花现代通信软件特色产业基地	985.0
6	山东	国家火炬东营铜冶炼与铜材深加工特色产业基地	983.7
7	上海	国家火炬计划上海安亭汽车零部件产业基地	936.4
8	江苏	国家火炬江阴高新区特钢新材料及其制品特色产业基地	908.2
9	广东	国家火炬计划中山日用电器特色产业基地	874.1
10	广东	国家火炬佛山自动化机械及设备特色产业基地	864.9

注：表中统计基础为 2015 年 384 家基地数据。

2015 年，工业总产值位居前 3 位的特色产业基地分别为国家火炬计划重庆渝北汽车摩托车制造及现代服务特色产业基地、国家火炬惠州智能视听产业基地、国家火炬计划克拉玛依石油石化特色产业基地，总产值分别达到 3200.0 亿元、2509.5 亿元、1759.6 亿元。2015 年工业总产值前十名基地名单见表 37。前一百名基地名单详见本报告附表 14。

表 37　2015 年特色产业基地工业总产值前十名基地

序号	所在地	产业基地名称	工业总产值（亿元）
1	重庆	国家火炬计划重庆渝北汽车摩托车制造及现代服务特色产业基地	3200.0
2	广东	国家火炬惠州智能视听产业基地	2509.5
3	新疆	国家火炬计划克拉玛依石油石化特色产业基地	1759.6
4	广东	国家火炬计划广州花都汽车及零部件产业基地	1345.2
5	广东	国家火炬计划中山日用电器特色产业基地	1045.0
6	山东	国家火炬东营铜冶炼与铜材深加工特色产业基地	1003.3
7	江苏	国家火炬计划南京雨花现代通信软件特色产业基地	985.6
8	江苏	国家火炬计划宜兴电线电缆产业基地	914.3
9	江苏	国家火炬江阴高新区特钢新材料及其制品特色产业基地	908.2
10	江苏	国家火炬计划扬州智能电网特色产业基地	888.9

注：表中统计基础为 2015 年 384 家基地数据。

2015 年，上缴税额位于前 3 位的特色产业基地分别为国家火炬计划克拉玛依石油石化特色产业基地、国家火炬计划广州花都汽车及零部件产业基地、国家火炬计划大庆市宏伟石化产业基地，上缴税额分别为 285.7 亿元、128.5 亿元、127.5 亿元。2015 年上缴税额前十名基地名单见表 38。前一百名基地名单详见本报告附表 15。

表 38　2015 年特色产业基地上缴税额前十名基地

序号	所在地	产业基地名称	上缴税额（亿元）
1	新疆	国家火炬计划克拉玛依石油石化特色产业基地	285.7
2	广东	国家火炬计划广州花都汽车及零部件产业基地	128.5
3	黑龙江	国家火炬计划大庆市宏伟石化产业基地	127.5
4	浙江	国家火炬新昌化学药和中成药特色产业基地	105.8
5	新疆	国家火炬计划乌鲁木齐米东石油化工和煤化工特色产业基地	95.3
6	江苏	国家火炬江宁智能电网特色产业基地	89.6
7	江苏	国家火炬常州轨道交通车辆及部件特色产业基地	81.4
8	江苏	国家火炬江阴高新区特钢新材料及其制品特色产业基地	81.1
9	陕西	国家火炬计划西安航空特色产业基地	75.7
10	广东	国家火炬惠州智能视听特色产业基地	73.1

注：表中统计基础为 2015 年 384 家基地数据。

2015 年，实现净利润位于前 3 位的特色产业基地分别为国家火炬计划克拉玛依石油石化特色产业基地、国家火炬计划广州花都汽车及零部件产业基地、国家火炬新昌化学药和中成药特色产业基地，净利润分别为 390.6 亿元、130.5 亿元、109.2 亿元。2015 年净利润前十名基地名单见表 39。前一百名基地名单详见本报告附表 16。

表 39　2015 年特色产业基地净利润前十名基地

序号	所在地	产业基地名称	净利润（亿元）
1	新疆	国家火炬计划克拉玛依石油石化特色产业基地	390.6
2	广东	国家火炬计划广州花都汽车及零部件产业基地	130.5
3	浙江	国家火炬新昌化学药和中成药特色产业基地	109.2
4	江苏	国家火炬计划南京雨花现代通信软件特色产业基地	100.9
5	广东	国家火炬惠州智能视听特色产业基地	99.5
6	山东	国家火炬计划东营石油装备特色产业基地	79.1

序号	所在地	产业基地名称	净利润（亿元）
7	广东	国家火炬佛山自动化机械及设备特色产业基地	78.7
8	江苏	国家火炬江阴高新区特钢新材料及其制品特色产业基地	78.0
9	山东	国家火炬计划潍坊动力机械特色产业基地	77.8
10	江苏	国家火炬扬州汽车及零部件特色产业基地	73.8

注：表中统计基础为 2015 年 384 家基地数据。

2015 年，出口创汇额位于前 3 位的特色产业基地分别为国家火炬惠州智能视听产业基地、国家火炬江阴高新区特钢新材料及其制品特色产业基地、国家火炬计划中山日用电器特色产业基地，出口创汇额分别为 259.5 亿美元、105.2 亿美元、43.7 亿美元。2015 年出口创汇前十名基地名单见表 40。前一百名基地名单详见本报告附表 17。

表 40　2015 年特色产业基地出口创汇额前十名基地

序号	所在地	产业基地名称	出口创汇额（亿美元）
1	广东	国家火炬惠州智能视听特色产业基地	259.5
2	江苏	国家火炬江阴高新区特钢新材料及其制品特色产业基地	105.2
3	广东	国家火炬计划中山日用电器特色产业基地	43.7
4	江苏	国家火炬泰州医药特色产业基地	32.0
5	江苏	国家火炬泰州新技术船舶特色产业基地	30.6
6	广东	国家火炬惠州 LED 特色产业基地	28.4
7	江苏	国家火炬如东生命安防用品特色产业基地	27.6
8	湖南	国家火炬浏阳生物医药特色产业基地	19.6
9	江苏	国家火炬南通化工新材料特色产业基地	19.5
10	江苏	国家火炬计划昆山电路板特色产业基地	19.0

注：表中统计基础为 2015 年 384 家基地数据。

（二）"十二五"年均复合增长率前十位排名

经统计，"十二五"期间，275 家特色产业基地中总收入年均增长速度最快的前 3 位基地为国家火炬寿光卤水综合利用特色产业基地、国家火炬明水先进机械制造特色产业基地、国家火炬计划宜兴环保装备制造及服务特色产业基地，年均复合增长率分别为

279.8%、168.6%、132.2%。"十二五"期间275家基地总收入增长最快十名基地名单见表41。增长最快百名基地名单详见附表18。

表41 "十二五"特色产业基地总收入年均复合增长率前十名

序号	所在地	产业基地名称	年均复合增长率（%）
1	山东	国家火炬寿光卤水综合利用特色产业基地	279.8
2	山东	国家火炬明水先进机械制造特色产业基地	168.6
3	江苏	国家火炬计划宜兴环保装备制造及服务特色产业基地	132.2
4	江苏	国家火炬计划南京雨花现代通信软件特色产业基地	131.4
5	江苏	国家火炬计划盐城汽车零部件及装备特色产业基地	128.5
6	江苏	国家火炬泰州光伏与储能新能源特色产业基地	121.2
7	新疆	国家火炬计划克拉玛依石油石化特色产业基地	120.8
8	江苏	国家火炬计划扬州智能电网特色产业基地	119.9
9	江苏	国家火炬昆山高端装备制造产业基地	118.5
10	河北	国家火炬唐山机器人特色产业基地	102.8

注：表中统计基础为2011~2015年可比数据（275家基地）。

经统计，"十二五"期间275家特色产业基地中工业总产值年平均增长速度最快的前3位基地为国家火炬计划重庆渝北汽车摩托车制造及现代服务特色产业基地、国家火炬计划浙江衢州氟硅新材料产业基地、国家火炬佛山自动化机械及设备特色产业基地，年均复合增长率分别为111.5%、90.6%、89.4%。"十二五"期间，基地工业总产值增长最快十名基地名单见表42。增长最快的前百名基地名单详见附表19。

表42 "十二五"特色产业基地工业总产值年均复合增长率前十名

序号	所在地	产业基地名称	年均复合增长率（%）
1	重庆	国家火炬计划重庆渝北汽车摩托车制造及现代服务特色产业基地	111.5
2	浙江	国家火炬计划浙江衢州氟硅新材料产业基地	90.6
3	广东	国家火炬佛山自动化机械及设备特色产业基地	89.4
4	山东	国家火炬济南生物工程与新医药特色产业基地	79.5
5	江苏	国家火炬计划无锡滨湖高效节能装备特色产业基地	78.5
6	天津	国家火炬计划西青信息安全特色产业基地	76.4
7	黑龙江	国家火炬计划大庆市宏伟石化产业基地	70.3

序号	所在地	产业基地名称	年均复合增长率（%）
8	江苏	国家火炬计划昆山可再生能源特色产业基地	66.0
9	河北	国家火炬廊坊大数据特色产业基地	55.3
10	福建	国家火炬计划泉州电子信息特色产业基地	52.9

注：表中统计基础为 2011～2015 年可比数据（275 家基地）。

经统计，"十二五"期间，275 家特色产业基地中上缴税额年均增长速度最快的前 3 位基地为国家火炬计划无锡滨湖高效节能装备特色产业基地、国家火炬计划大庆市宏伟石化产业基地、国家火炬计划乌鲁木齐米东石油化工和煤化工特色产业基地。年均复合增长率分别为 364.5%、287.7%、279.0%。"十二五"期间，275 家特色产业基地上缴税额增长最快的前十名基地名单见表 43。增长最快的前百名基地详见附表 20。

表 43 "十二五"特色产业基地上缴税额年均复合增长率前十名

序号	所在地	产业基地名称	年均复合增长率（%）
1	江苏	国家火炬计划无锡滨湖高效节能装备特色产业基地	364.5
2	黑龙江	国家火炬计划大庆市宏伟石化产业基地	287.7
3	新疆	国家火炬计划乌鲁木齐米东石油化工和煤化工特色产业基地	279.0
4	新疆	国家火炬计划克拉玛依石油石化特色产业基地	192.6
5	山东	国家火炬明水先进机械制造特色产业基地	184.7
6	江苏	国家火炬昆山高端装备制造产业基地	169.6
7	江苏	国家火炬泰州光伏与储能新能源特色产业基地	151.7
8	江苏	国家火炬计划南京雨花现代通信软件特色产业基地	140.3
9	江苏	国家火炬计划宜兴电线电缆产业基地	135.1
10	山东	国家火炬计划东营石油装备特色产业基地	127.4

注：表中统计基础为 2011～2015 年可比数据（275 家基地）。

经统计，"十二五"期间，275 家特色产业基地中净利润年均增长速度最快的前 3 位基地为国家火炬计划南京雨花现代通信软件特色产业基地、国家火炬计划克拉玛依石油石化特色产业基地、国家火炬计划无锡滨湖高效节能装备特色产业基地，年均复合增长率分别为 372.9%、230.6%、207.6%。"十二五"期间基地净利润增长最快的前十名基地名单见表 44。增长最快的前百名基地名单可详见附表 21。

表44 "十二五"特色产业基地净利润年均复合增长率前十名

序号	所在地	产业基地名称	年均复合增长率（%）
1	江苏	国家火炬计划南京雨花现代通信软件特色产业基地	372.9
2	新疆	国家火炬计划克拉玛依石油石化特色产业基地	230.6
3	江苏	国家火炬计划无锡滨湖高效节能装备特色产业基地	207.6
4	山东	国家火炬计划威海高新区办公自动化设备特色产业基地	207.5
5	山东	国家火炬寿光卤水综合利用特色产业基地	195.7
6	黑龙江	国家火炬计划大庆市宏伟石化产业基地	194.6
7	山东	国家火炬明水先进机械制造特色产业基地	147.2
8	江苏	国家火炬扬州汽车及零部件特色产业基地	144.7
9	河北	国家火炬唐山机器人特色产业基地	144.0
10	山东	国家火炬计划潍坊动力机械特色产业基地	120.9

注：表中统计基础为2011~2015年可比数据（275家基地）。

经统计，"十二五"期间，275家特色产业基地中出口创汇额年均增长速度最快的前3位基地为国家火炬江阴物联网特色产业基地、国家火炬计划德州新能源特色产业基地、国家火炬上海张堰新材料深加工产业基地，年均复合增长率分别为165.9%、153.0%、149.6%。"十二五"期间，275家特色产业基地出口创汇增长最快的前十名基地名单见表45。最快的前百名基地名单详见附表22。

另外，国家火炬武汉高分子及复合材料特色产业基地、国家火炬九江星火有机硅材料特色产业基地等8家基地企业在最近几年中实现了出口创汇零的突破。

表45 "十二五"特色产业基地出口创汇额年均复合增长率前十名

序号	所在地	产业基地名称	年均复合增长率（%）
1	江苏	国家火炬江阴物联网特色产业基地	165.9
2	山东	国家火炬计划德州新能源特色产业基地	153.0
3	上海	国家火炬上海张堰新材料深加工特色产业基地	149.6
4	江苏	国家火炬计划昆山可再生能源特色产业基地	133.0
5	河南	国家火炬濮阳生物化工特色产业基地	126.8
6	山东	国家火炬计划潍坊光电特色产业基地	124.6
7	河北	国家火炬邯郸新型功能材料特色产业基地	114.3
8	天津	国家火炬计划西青信息安全特色产业基地	112.2
9	江苏	国家火炬计划无锡滨湖高效节能装备特色产业基地	91.1
10	湖北	国家火炬谷城节能与环保特色产业基地	88.7

注：表中统计基础为2011~2015年可比数据（275家基地）。

经统计，"十二五"期间，275 家特色产业基地中企业总数年均增长速度最快的前 3 位基地为国家火炬计划景德镇陶瓷新材料及制品产业基地、国家火炬计划东莞市虎门服装设计与制造产业基地、国家火炬计划中山市古镇照明器材设计与制造产业基地，年均复合增长率分别为 370.7%、277.4%、250.6%。基地企业数增长最快的前十名基地名单见表 46。基地企业数增长最快的前百名基地名单可详见附表 23。

表 46 "十二五"特色产业基地企业总数年均复合增长率前十名

序号	所在地	产业基地名称	年均复合增长率（％）
1	江西	国家火炬计划景德镇陶瓷新材料及制品产业基地	370.7
2	广东	国家火炬计划东莞市虎门服装设计与制造产业基地	277.4
3	广东	国家火炬计划中山市古镇照明器材设计与制造产业基地	250.6
4	江苏	国家火炬计划宜兴环保装备制造及服务特色产业基地	233.0
5	上海	国家火炬计划环同济研发设计服务特色产业基地	224.9
6	广东	国家火炬汕头澄海智能玩具创意设计与制造特色产业基地	219.9
7	广东	国家火炬计划中山日用电器特色产业基地	210.5
8	重庆	国家火炬计划重庆渝北汽车摩托车制造及现代服务特色产业基地	191.8
9	江苏	国家火炬计划常州湖塘新型色织面料特色产业基地	183.6
10	河南	国家火炬计划长垣起重机械产业基地	179.5

注：表中统计基础为 2011～2015 年可比数据（275 家基地）。

第三部分　管理推动工作

2015 年，在科技部领导下，火炬中心进一步加大组织、协调、推进和管理力度，促进全国特色产业基地建设和发展。

一、修订并印发特色产业基地管理办法

为深入落实创新驱动发展战略，进一步发挥特色产业在稳增长、调结构中的重要作用，加强特色产业基地的建设与管理，明确特色产业基地建设条件和要求，规范特色产业基地建设申请、推荐、审核及确认程序，促进特色产业基地创新发展，2015 年 9 月，火炬中心正式印发《国家火炬特色产业基地建设管理办法》（国科火字〔2015〕163 号），同时废止了《国家火炬计划产业基地认定办法》（国科火字〔2001〕83 号）。

新的管理办法进一步明确了特色产业基地的定义以及特色产业基地建设的目的。指出特色产业基地是在一定地域范围内，针对国家鼓励发展的细分产业领域，通过强化政府组织引导、汇聚各方优势资源、营造良好创新创业环境，形成的具有区域特色和产业特色、对当地经济和社会发展具有显著支撑和带动作用的产业集聚。特色产业基地建设的目的是提升区域产业创新能力，促进区域产业结构优化升级，培育区域内新的经济增长点。

新的管理办法依据当前科技计划管理的新要求和党的十八大以来关于政府职能转变、深化改革等一系列要求，对主管单位职责、申报程序等诸多方面都进行了重新设定，彰显

了高效、公开的理念。

新的管理办法作出了许多便于树立品牌形象的规范性修订。如提出了火炬特色产业基地的统一命名规范，将特色产业基地规范名称格式定为："国家火炬☆☆☆★★★基地"，其中，"☆☆☆"为特色产业基地所在区域的规范化称谓，"★★★"为特色产业基地主导产业的称谓，明确指出该产业应属细分产业并须具备鲜明的特色。

新的管理办法突出了特色产业基地的产业特色，提出了"主导产业占所在地本产业年总营业收入比重原则上应超过50%，符合国家产业政策导向，在节能、环保及公共安全等方面符合国家产业政策及相关规定"的基本要求。

通过超前部署战略性新兴产业，助推传统产业转型升级，培育壮大新兴产业规模，有效支撑区域经济的可持续、绿色发展。

二、培训并交流特色产业基地管理经验

为使地方科技主管部门以及特色产业基地全面了解《国家火炬特色产业基地建设管理办法》，提高管理特色产业基地的水平，火炬中心举办了"国家火炬特色产业基地相关工作培训班"。

培训班得到广西科技主管部门的大力支持，于2015年9月11日在广西北海开课。来自全国34个省市（含计划单列市）的104位代表参加了此次培训。火炬中心副局级调研员段俊虎、广西壮族自治区科技厅副巡视员黎卫红、北海国家高新技术产业开发区管理会主任李光劢出席活动并做了重要讲话。

培训班全面而重点地解读了《国家火炬特色产业基地建设管理办法》，并且邀请了6位专家，结合特色产业基地管理的实例，以及特色产业基地管理办法的新要求，针对"特色产业基地引领地方经济发展"、"特色产业基地与产业技术联盟"、"特色产业基地建设有关问题"、"特色产业基地科技服务体系建设"、"特色产业基地推动大众创业万众创新"以及"国家创新型产业集群建设"六大内容，举办了专题讲座。

这次培训是在总结特色产业基地20年工作基础上开展的一次实务培训，在组织形式、课程设计、专家的遴选等方面得到了参与人员的一致好评。通过培训，进一步提高了各地对特色产业基地建设工作的认识，对推动基地建设工作具有积极的引导意义。

三、考察并核定 22 家新的特色产业基地

为支持和推动地方特色产业发展，火炬中心组织开展了 2 批特色产业基地评审工作，组织专家组对江苏、青岛、浙江、安徽、山东、广东、四川、贵州等省（市）科技厅（委）推荐的特色产业基地进行了考察，核定了 22 家基地为国家特色产业基地，国家特色产业基地数量在 2014 年度 369 家的基础上增加到 391 家。见表 47、表 48。

表 47　2015 年第一批特色产业基地

序号	所在地	数量	基地名称
1	江苏	5	国家火炬江苏无锡惠山石墨烯新材料特色产业基地
2			国家火炬江苏无锡新区生物医药及医疗器械特色产业基地
3			国家火炬江苏南京新港光电及激光特色产业基地
4			国家火炬江苏大丰市汽车零部件特色产业基地
5			国家火炬江苏太仓生物医药特色产业基地
6	青岛	2	国家火炬青岛橡胶行业专业化科技服务特色产业基地
7			国家火炬青岛石墨烯及先进碳材料特色产业基地
8	浙江	3	国家火炬浙江丽水智能装备与机器人特色产业基地
9			国家火炬浙江龙泉汽车空调零部件特色产业基地
10			国家火炬浙江吴兴区现代物流装备特色产业基地
合计			10

表 48   2015 年第二批特色产业基地

序号	所在地	数量	基地名称
1	江苏	2	国家火炬江苏如东生命安防用品特色产业基地
2			国家火炬江苏盱眙凹土特色产业基地
3	浙江	1	国家火炬浙江瑞安汽车关键零部件特色产业基地
4	安徽	2	国家火炬安徽杜集高端矿山装备特色产业基地
5			国家火炬安徽太和医药高端制剂特色产业基地
6	山东	3	国家火炬山东单县医用可吸收缝合线特色产业基地
7			国家火炬山东昌乐智能工矿专用成套设备及控制系统特色产业基地
8			国家火炬山东邹城智能矿用装备特色产业基地
9	广东	1	国家火炬广东清远高性能结构材料特色产业基地
10	四川	1	国家火炬四川泸州高新区先进工程机械及关键零部件特色产业基地
11	贵州	1	国家火炬贵州黔东南州苗侗医药特色产业基地
12	青岛	1	国家火炬青岛黄岛船舶与海工装备特色产业基地
合计			**12**

四、规范复核并统计原有特色产业基地

为加强国家特色产业基地的管理，推动基地有质量、有效益、可持续发展，根据《国家火炬特色产业基地建设管理办法》的有关规定，2015 年，火炬中心对 2012 年（第一次复核）及 1995～2004 年（第二次复核）认定的 108 家特色产业基地分两批开展了复核。

就复核工作的结果来看，在参与复核的 108 家基地中，有 102 家基地通过了复核，1家基地暂缓复核，有 5 家基地没有通过复核，被取消了特色产业基地资格。火炬中心通过网站公布了复核结果，2015 年各地区特色产业基地复核的数量统计见表 49。

表 49 特色产业基地 2015 年各省市复核情况汇总表

序号	地区	数量	序号	地区	数量
1	江苏	38	11	黑龙江	2
2	浙江	13	12	福建	2
3	山东	11	13	河南	2
4	广东	10	14	辽宁	1
5	湖北	7	15	吉林	1
6	山西	4	16	四川	1
7	安徽	4	17	青岛	1
8	天津	3	18	宁波	1
9	湖南	3	19	江西	1
10	河北	2	20	广西	1
合计					108

五、回顾并总结特色产业基地 20 年经验

自 1995 年我国第一家特色产业基地——国家火炬海门化工和生物医药材料特色产业基地（原"国家火炬计划海门新材料产业基地"）诞生以来，至今已走过了 20 年。截至 2015 年底，特色产业基地总数已经达到 391 家，遍及全国 31 个省（自治区、直辖市、计划单列市），涉及了高端装备制造、新材料、新能源、信息技术、生物技术与新医药等诸多战略性新兴产业，对地方的经济社会发展发挥了重要的支撑与引领作用。

为总结特色产业基地的 20 年经验，让新时期特色产业基地建设工作再创辉煌，2015 年 12 月 15 日，科技部火炬中心在江苏常州市举办了"国家火炬产业基地工作座谈会"，各省、自治区、直辖市及计划单列市科技厅（委、局）、基地代表共 60 余人参加了座谈会。江苏省科技厅相关工作负责人和海门新材料、常州轨道交通、沙河现代功能与艺术玻璃三家特色产业基地及西安软件园的代表分别介绍了各基地的工作情况及建设经验。

座谈会上，火炬中心张志宏主任用大量的数据和典型案例分析并系统地回顾、总结了特色产业基地 20 年来取得的成就与建设经验，安排部署了新时期特色产业基地贯彻落实创新驱动发展战略新举措，为基地下一步创新发展指明了方向。火炬中心段俊虎副主任通过"五个三"对特色产业基地的发展建设提出了明确要求。

基地发展建设的"五个三"

一是针对基地建设工作要"三加强"：推进性宣传、导向性扶持、精准性服务；

二是对产业基地管理部门要"三严"：严标准、严要求、严纪律；

三是对基地所在地政府管理部门要"三实"：务实、扎实、讲求实效；

四是基地所承载产业要"三突出"：产业特色突出、创新驱动内涵突出、引领示范辐射带动作用突出；

五是成为标杆旗帜型基地要"三权"：主导产品核心技术话语权、产业主导产品市场定价权、标准的定制权。

此次座谈会，突出展示了特色产业基地的各自发展模式、核心竞争力、服务平台建设、创新体系建设、促进区域经济发展等方面的成绩和主要经验；进一步明确了新时期特色产业基地深入实施创新驱动发展战略，不断推进"大众创业，万众创新"，促进区域经济持续健康发展的使命，为引领创新资源集聚，推动基地创新持续发展提供了新的思路和新的方法。此次会议是火炬产业基地建立 20 周年历史节点上召开的重要会议，具有承前启后、继往开来的重要作用。

六、编印年报并系统总结特色产业基地

为进一步落实创新驱动发展战略，以特色产业基地建设 20 周年为契机，全面回顾和总结基地 20 年来的发展历程与宝贵经验，在地方科技主管部门和各基地的支持下，火炬中心组织有关专家撰写了《国家火炬特色产业基地建设 20 周年发展报告》，编辑了《国家火炬产业基地建设 20 周年地方工作总结及征文文稿汇编》（上篇——特色产业基地；下篇——软件产业基地），报告全面回顾了 20 年来基地发展历程，系统总结了基地建设的成绩和经验，突出展示了基地在环境建设、平台建设、创新体系、资源集聚等方面促进区域优势产业"集群化"发展的主要特色。

第四部分 基础数据概览

一、总体数据

附表1 特色产业基地一览表（1）——东部地区 共计288家

特色产业基地名称	批准时间（年份）	所在地	数量（家）
国家火炬北京大兴新媒体产业基地	2005	北京	2
国家火炬计划大兴节能环保特色产业基地	2009		
国家火炬计划天津现代纺织特色产业基地	2009	天津	8
国家火炬计划东丽节能装备特色产业基地	2011		
国家火炬计划西青信息安全特色产业基地	2011		
国家火炬天津中北汽车特色产业基地	2012		
国家火炬天津京滨石油装备特色产业基地	2012		
国家火炬武清新金属材料特色产业基地	2012		
国家火炬武清汽车零部件特色产业基地	2013		
国家火炬天津京津电子商务特色产业基地	2014		
国家火炬保定新能源与能源设备特色产业基地	2003	河北	13
国家火炬唐山陶瓷材料特色产业基地	2004		

特色产业基地名称	批准时间（年份）	所在地	数量（家）
国家火炬邯郸新型功能材料特色产业基地	2006	河北	13
国家火炬廊坊大数据特色产业基地	2006		
国家火炬承德仪器仪表特色产业基地	2006		
国家火炬唐山焊接特色产业基地	2006		
国家火炬宁晋太阳能硅材料特色产业基地	2006		
国家火炬计划安国现代中药产业基地	2007		
国家火炬计划衡水工程橡胶特色产业基地	2009		
国家火炬计划大城保温建材特色产业基地	2010		
国家火炬唐山机器人特色产业基地	2011		
国家火炬张家口新能源装备特色产业基地	2011		
国家火炬沙河现代功能与艺术玻璃特色产业基地	2014		
国家火炬上海南汇医疗器械产业基地	2005	上海	7
国家火炬上海张堰新材料深加工产业基地	2006		
国家火炬计划上海奉贤输配电产业基地	2007		
国家火炬计划上海安亭汽车零部件产业基地	2007		
国家火炬计划上海青浦新材料产业基地	2007		
国家火炬计划环同济研发设计服务特色产业基地	2009		
国家火炬计划上海枫泾新能源特色产业基地	2009		
国家火炬海门化工和生物医药材料特色产业基地	1995	江苏	112
国家火炬昆山传感器特色产业基地	2000		
国家火炬连云港化学创新药和现代中药特色产业基地	2001		
国家火炬吴中医药特色产业基地	2001		
国家火炬计划江苏沿江对俄合作高新技术产业基地	2002		

特色产业基地名称	批准时间（年份）	所在地	数量（家）
国家火炬姜堰汽车关键零部件特色产业基地	2002		
国家火炬吴江光电缆特色产业基地	2002		
国家火炬扬中电力电器特色产业基地	2002		
国家火炬镇江光电子与通信元器件特色产业基地	2002		
国家火炬宜兴无机非金属材料特色产业基地	2002		
国家火炬锡山化工材料特色产业基地	2002		
国家火炬南通化工新材料特色产业基地	2002		
国家火炬丹阳高性能合金材料特色产业基地	2002		
国家火炬常熟高分子材料特色产业基地	2003		
国家火炬常州轨道交通车辆及部件特色产业基地	2003		
国家火炬常州高新区生物药和化学药特色产业基地	2003		
国家火炬昆山模具特色产业基地	2003	江苏	112
国家火炬武进建材特色产业基地	2003		
国家火炬江宁智能电网特色产业基地	2004		
国家火炬东海硅材料特色产业基地	2004		
国家火炬邗江数控金属板材加工设备特色产业基地	2004		
国家火炬惠山特种冶金新材料特色产业基地	2004		
国家火炬镇江沿江绿色化工特色产业基地	2004		
国家火炬南京浦口生物医药特色产业基地	2004		
国家火炬金坛精细化学品特色产业基地	2004		
国家火炬靖江微特电机及控制特色产业基地	2004		
国家火炬太仓高分子材料特色产业基地	2004		
国家火炬通州电子元器件及材料特色产业基地	2004		

续表

特色产业基地名称	批准时间（年份）	所在地	数量（家）
国家火炬常熟电气机械特色产业基地	2005	江苏	112
国家火炬南京化工新材料特色产业基地	2005		
国家火炬泰兴精细专用化学品特色产业基地	2005		
国家火炬泰州医药特色产业基地	2005		
国家火炬兴化特种合金材料及制品特色产业基地	2005		
国家火炬张家港精细化工特色产业基地	2005		
国家火炬江阴高性能合金材料及制品特色产业基地	2005		
国家火炬启东生物医药特色产业基地	2005		
国家火炬苏州汽车零部件特色产业基地	2005		
国家火炬徐州工程机械特色产业基地	2006		
国家火炬无锡新区汽车电子及部件特色产业基地	2006		
国家火炬盐城纺织机械特色产业基地	2006		
国家火炬扬州汽车及零部件特色产业基地	2006		
国家火炬计划海安电梯设备产业基地	2007		
国家火炬计划宜兴电线电缆产业基地	2007		
国家火炬计划常州输变电设备产业基地	2007		
国家火炬计划无锡轻型多功能电动车产业基地	2007		
国家火炬计划昆山电路板特色产业基地	2008		
国家火炬计划盐城环保装备特色产业基地	2008		
国家火炬计划昆山可再生能源特色产业基地	2009		
国家火炬计划江宁可再生能源特色产业基地	2009		
国家火炬计划徐州经济开发区新能源特色产业基地	2009		
国家火炬计划金湖石油机械特色产业基地	2009		

特色产业基地名称	批准时间（年份）	所在地	数量（家）
国家火炬计划江阴风电装备特色产业基地	2009		
国家火炬计划惠山风电关键零部件特色产业基地	2009		
国家火炬计划海安建材机械装备特色产业基地	2009		
国家火炬计划扬州绿色新能源特色产业基地	2009		
国家火炬计划常州湖塘新型色织面料特色产业基地	2009		
国家火炬计划镇江特种船舶及海洋工程装备特色产业基地	2010		
国家火炬计划建湖石油装备特色产业基地	2010		
国家火炬计划扬州智能电网特色产业基地	2010		
国家火炬计划南京雨花现代通信软件特色产业基地	2010		
国家火炬计划盐城绿色能源特色产业基地	2011		
国家火炬计划宜兴环保装备制造及服务特色产业基地	2011		
国家火炬计划无锡滨湖高效节能装备特色产业基地	2011	江苏	112
国家火炬计划盐城汽车零部件及装备特色产业基地	2011		
国家火炬昆山高端装备制造产业基地	2011		
国家火炬苏州高新区医疗器械特色产业基地	2011		
国家火炬江阴物联网特色产业基地	2011		
国家火炬江都建材机械装备特色产业基地	2011		
国家火炬张家港锂电特色产业基地	2011		
国家火炬泰州光伏与储能新能源特色产业基地	2011		
国家火炬泰州新技术船舶特色产业基地	2011		
国家火炬启东节能环保装备及基础件特色产业基地	2011		
国家火炬江苏昆山机器人特色产业基地	2012		
国家火炬南京建邺移动互联特色产业基地	2012		

特色产业基地名称	批准时间（年份）	所在地	数量（家）
国家火炬苏州工业园区生物医药特色产业基地	2012	江苏	112
国家火炬汾湖超高速节能电梯特色产业基地	2012		
国家火炬邗江硫资源利用装备特色产业基地	2012		
国家火炬海安锻压装备特色产业基地	2012		
国家火炬响水盐化工特色产业基地	2012		
国家火炬如皋输变电装备特色产业基地	2012		
国家火炬滨海高分子材料特色产业基地	2012		
国家火炬高邮特种电缆特色产业基地	2012		
国家火炬常熟生物医药特色产业基地	2013		
国家火炬张家港节能环保装备特色产业基地	2013		
国家火炬阜宁环保滤料特色产业基地	2013		
国家火炬滨海新医药特色产业基地	2013		
国家火炬东台特种金属材料及制品特色产业基地	2013		
国家火炬大丰金属材料处理装备特色产业基地	2013		
国家火炬镇江高性能材料特色产业基地	2013		
国家火炬淮安盐化工特色产业基地	2013		
国家火炬徐州高新区安全技术与装备特色产业基地	2013		
国家火炬宿迁薄膜材料特色产业基地	2013		
国家火炬连云港装备制造特色产业基地	2013		
国家火炬常熟汽车零部件特色产业基地	2013		
国家火炬昆山（张浦）精密机械特色产业基地	2013		
国家火炬吴江（盛泽）新兴纺织纤维及面料特色产业基地	2013		

特色产业基地名称	批准时间（年份）	所在地	数量（家）
国家火炬江宁生物医药特色产业基地	2013	江苏	112
国家火炬张家港精密机械及零部件特色产业基地	2014		
国家火炬盐城物联网特色产业基地	2014		
国家火炬江宁通信与网络特色产业基地	2014		
国家火炬江阴高新区特钢新材料及其制品特色产业基地	2014		
国家火炬盐都输变电装备特色产业基地	2014		
国家火炬如皋化工新材料特色产业基地	2014		
国家火炬海安磁性材料及制品特色产业基地	2014		
国家火炬滨海流体装备特色产业基地	2014		
国家火炬无锡惠山石墨烯新材料特色产业基地	2015		
国家火炬无锡新区生物医药及医疗器械特色产业基地	2015		
国家火炬南京新港光电及激光特色产业基地	2015		
国家火炬大丰市汽车零部件特色产业基地	2015		
国家火炬太仓生物医药特色产业基地	2015		
国家火炬如东生命安防用品特色产业基地	2015		
国家火炬盱眙凹土特色产业基地	2015		
国家火炬富阳光通信特色产业基地	2002	浙江	39
国家火炬乐清智能电器特色产业基地	2002		
国家火炬新昌化学药和中成药特色产业基地	2002		
国家火炬诸暨环保装备特色产业基地	2002		
国家火炬黄岩塑料模具特色产业基地	2003		
国家火炬海宁软磁材料特色产业基地	2003		
国家火炬绍兴纺织特色产业基地	2003		

续表

特色产业基地名称	批准时间（年份）	所在地	数量（家）
国家火炬兰溪天然药物特色产业基地	2004		
国家火炬桐乡新型纤维特色产业基地	2004		
国家火炬萧山高性能机电基础件特色产业基地	2004		
国家火炬嘉兴电子信息特色产业基地	2004		
国家火炬平湖光机电特色产业基地	2004		
国家火炬上虞精细化工特色产业基地	2004		
国家火炬海宁经编新材料及装备特色产业基地	2005		
国家火炬永嘉系统流程泵阀特色产业基地	2005		
国家火炬长兴无机非金属新材料特色产业基地	2005		
国家火炬东阳磁性材料特色产业基地	2005		
国家火炬嘉善新型电子元器件特色产业基地	2005		
国家火炬临安电线电缆特色产业基地	2005	浙江	39
国家火炬计划南浔特种电磁线产业基地	2008		
国家火炬计划台州市椒江缝制设备设计与制造产业基地	2008		
国家火炬计划浙江衢州氟硅新材料产业基地	2008		
国家火炬计划德清县生物与医药特色产业基地	2008		
国家火炬计划绍兴纺织装备特色产业基地	2009		
国家火炬计划嘉兴汽车零部件特色产业基地	2009		
国家火炬计划衢州空气动力机械特色产业基地	2009		
国家火炬计划浙江仙居甾体药物特色产业基地	2010		
国家火炬计划安吉竹精深加工特色产业基地	2010		
国家火炬计划秀洲新能源特色产业基地	2011		
国家火炬计划龙湾阀门特色产业基地	2011		

特色产业基地名称	批准时间（年份）	所在地	数量（家）
国家火炬吴兴特种金属管道特色产业基地	2011	浙江	39
国家火炬兰溪差别化纤维及纺织特色产业基地	2013		
国家火炬德清绿色复合新型建材特色产业基地	2013		
国家火炬南浔智能电梯特色产业基地	2013		
国家火炬绍兴健康装备和医用新材料特色产业基地	2014		
国家火炬丽水智能装备与机器人特色产业基地	2015		
国家火炬龙泉汽车空调零部件特色产业基地	2015		
国家火炬吴兴区现代物流装备特色产业基地	2015		
国家火炬瑞安汽车关键零部件特色产业基地	2015		
国家火炬泉州微波通信特色产业基地	2004	福建	7
国家火炬莆田液晶显示特色产业基地	2005		
国家火炬德化陶瓷特色产业基地	2005		
国家火炬计划泉州电子信息特色产业基地	2008		
国家火炬计划建瓯笋竹科技特色产业基地	2010		
国家火炬福安中小电机特色产业基地	2012		
国家火炬福鼎化油器特色产业基地	2013		
国家火炬济宁生物制药与中成药特色产业基地	2002	山东	54
国家火炬济南先进机电与装备制造特色产业基地	2003		
国家火炬禹城功能糖特色产业基地	2003		
国家火炬济宁工程机械特色产业基地	2004		
国家火炬鲁北海洋科技特色产业基地	2004		
国家火炬济南生物工程与新医药特色产业基地	2004		
国家火炬济南山大路电子信息特色产业基地	2005		

续表

特色产业基地名称	批准时间（年份）	所在地	数量（家）
国家火炬淄博生物医药特色产业基地	2005		
国家火炬济宁纺织新材料特色产业基地	2006		
国家火炬泰安非金属新材料特色产业基地	2006		
国家火炬泰安输变电器材特色产业基地	2006		
国家火炬招远电子基础材料特色产业基地	2006		
国家火炬计划临沭复合肥产业基地	2007		
国家火炬计划淄博先进陶瓷产业基地	2007		
国家火炬计划淄博博山泵类产业基地	2007		
国家火炬计划烟台汽车零部件产业基地	2007		
国家火炬计划章丘有机高分子材料产业基地	2007		
国家火炬计划广饶盐化工特色产业基地	2009		
国家火炬计划济南太阳能特色产业基地	2009	山东	54
国家火炬计划德州新能源特色产业基地	2009		
国家火炬计划沂水功能性生物糖特色产业基地	2009		
国家火炬计划东营石油装备特色产业基地	2009		
国家火炬计划明水重型汽车先进制造特色产业基地	2009		
国家火炬计划淄博功能玻璃特色产业基地	2009		
国家火炬计划潍坊动力机械特色产业基地	2009		
国家火炬计划威海高新区办公自动化设备特色产业基地	2009		
国家火炬计划潍坊电声器件特色产业基地	2010		
国家火炬计划济宁光电特色产业基地	2010		
国家火炬计划广饶子午胎特色产业基地	2011		
国家火炬计划临朐磁电装备特色产业基地	2011		

特色产业基地名称	批准时间（年份）	所在地	数量（家）
国家火炬计划潍坊光电特色产业基地	2011		
国家火炬明水先进机械制造特色产业基地	2011		
国家火炬单县光伏光热特色产业基地	2011		
国家火炬烟台海洋生物与医药特色产业基地	2011		
国家火炬寿光卤水综合利用特色产业基地	2011		
国家火炬济南新型功能材料特色产业基地	2012		
国家火炬诸城汽车及零部件特色产业基地	2012		
国家火炬高唐非木纤维浆纸及制品特色产业基地	2012		
国家火炬莱芜粉末冶金特色产业基地	2012		
国家火炬潍坊生物制药与中成药特色产业基地	2012		
国家火炬菏泽生物医药特色产业基地	2014		
国家火炬沂南电动车及零部件特色产业基地	2014		
国家火炬滕州中小数控机床特色产业基地	2014	山东	54
国家火炬潍坊滨海海洋化工特色产业基地	2014		
国家火炬济阳升降作业装备特色产业基地	2014		
国家火炬济南环保节能材料与装备特色产业基地	2014		
国家火炬平阴清洁能源特色产业基地	2014		
国家火炬章丘市炊事装备特色产业基地	2014		
国家火炬东营铜冶炼与铜材深加工特色产业基地	2014		
国家火炬寿光新型防水材料特色产业基地	2014		
国家火炬单县玻纤特色产业基地	2014		
国家火炬单县医用可吸收缝合线特色产业基地	2015		
国家火炬昌乐智能工矿专用成套设备及控制系统特色产业基地	2015		
国家火炬邹城智能矿用装备特色产业基地	2015		

续表

特色产业基地名称	批准时间（年份）	所在地	数量（家）
国家火炬湛江海洋特色产业基地	2002		
国家火炬计划佛山精密制造产业基地	2003		
国家火炬佛山自动化机械及设备特色产业基地	2003		
国家火炬佛山电子新材料特色产业基地	2004		
国家火炬鹤山金属材料特色产业基地	2004		
国家火炬中山（临海）船舶制造与海洋工程特色产业基地	2004		
国家火炬计划佛山电子电器产业基地	2004		
国家火炬江门纺织化纤特色产业基地	2004		
国家火炬顺德家用电器特色产业基地	2004		
国家火炬计划汕头光机电产业基地	2005		
国家火炬计划广州花都汽车及零部件产业基地	2005		
国家火炬汕头金平轻工机械装备制造特色产业基地	2005	广东	29
国家火炬惠州智能视听特色产业基地	2006		
国家火炬中山小榄金属制品特色产业基地	2006		
国家火炬汕头澄海智能玩具创意设计与制造特色产业基地	2006		
国家火炬计划肇庆金属新材料产业基地	2006		
国家火炬计划中山市古镇照明器材设计与制造产业基地	2007		
国家火炬计划东莞市长安模具产业基地	2007		
国家火炬计划汕头市龙湖输配电设备产业基地	2007		
国家火炬计划东莞市虎门服装设计与制造产业基地	2007		
国家火炬计划广州高新区环保新材料产业基地	2008		
国家火炬计划阳江新型功能刀剪材料设计与先进制造产业基地	2008		
国家火炬计划茂名石化产业基地	2008		

特色产业基地名称	批准时间（年份）	所在地	数量（家）
国家火炬计划中山日用电器特色产业基地	2009	广东	29
国家火炬计划中山精细化工特色产业基地	2009		
国家火炬计划中山电梯特色产业基地	2010		
国家火炬计划江门半导体照明特色产业基地	2011		
国家火炬惠州 LED 特色产业基地	2012		
国家火炬清远高性能结构材料特色产业基地	2015		
国家火炬宁波电子信息特色产业基地	2002	宁波	8
国家火炬北仑注塑机特色产业基地	2005		
国家火炬宁波鄞州新型金属材料特色产业基地	2006		
国家火炬计划宁波江北先进通用设备制造特色产业基地	2009		
国家火炬计划宁波慈溪智能家电特色产业基地	2009		
国家火炬计划宁波鄞州汽车零部件特色产业基地	2009		
国家火炬计划宁波高新区绿色能源与照明特色产业基地	2009		
国家火炬计划宁波余姚塑料模具特色产业基地	2009		
国家火炬厦门视听通讯特色产业基地	2005	厦门	4
国家火炬厦门钨材料特色产业基地	2005		
国家火炬计划厦门电力电器产业基地	2008		
国家火炬厦门海沧区生物与新医药特色产业基地	2011		
国家火炬青岛有机高分子新材料特色产业基地	2003	青岛	5
国家火炬青岛海洋生物医药特色产业基地	2014		
国家火炬青岛橡胶行业专业化科技服务特色产业基地	2015		
国家火炬青岛石墨烯及先进碳材料特色产业基地	2015		
国家火炬黄岛船舶与海工装备特色产业基地	2015		

附表2 特色产业基地一览表（2）——中部地区　　　共计52家

特色产业基地名称	批准时间（年份）	所在地	数量（家）
国家火炬计划太原经济技术开发区煤机装备特色产业基地	2010	山西	8
国家火炬永济电机特色产业基地	2012		
国家火炬迎泽高端包装装备及材料特色产业基地	2012		
国家火炬太原钕铁硼材料特色产业基地	2012		
国家火炬大同医药材料特色产业基地	2012		
国家火炬原平煤机配套装备特色产业基地	2013		
国家火炬临猗运输配套装备特色产业基地	2013		
国家火炬太原信息安全特色产业基地	2014		
国家火炬铜陵电子材料特色产业基地	1999	安徽	13
国家火炬无为特种电缆特色产业基地	2006		
国家火炬计划亳州中药特色产业基地	2009		
国家火炬计划安庆汽车零部件高新技术特色产业基地	2009		
国家火炬计划芜湖节能环保汽车及零部件高新技术特色产业基地	2009		
国家火炬计划滁州家电设计与制造特色产业基地	2009		
国家火炬计划蚌埠精细化工特色产业基地	2011		
国家火炬计划合肥公共安全信息技术特色产业基地	2011		
国家火炬博望高端数控机床及刀模具特色产业基地	2012		
国家火炬宁国橡塑密封件特色产业基地	2012		
国家火炬黄山软包装新材料特色产业基地	2012		
国家火炬杜集高端矿山装备特色产业基地	2015		
国家火炬太和医药高端制剂特色产业基地	2015		
国家火炬九江星火有机硅材料特色产业基地	2004	江西	3
国家火炬计划景德镇陶瓷新材料及制品产业基地	2008		
国家火炬萍乡粉末冶金先进制造特色产业基地	2014		

特色产业基地名称	批准时间（年份）	所在地	数量（家）
国家火炬濮阳生物化工特色产业基地	1997	河南	9
国家火炬郑州超硬材料特色产业基地	2002		
国家火炬计划济源矿用机电产业基地	2007		
国家火炬计划长垣起重机械产业基地	2007		
国家火炬计划焦作汽车零部件特色产业基地	2009		
国家火炬计划新乡生物医药特色产业基地	2010		
国家火炬开封空分设备特色产业基地	2010		
国家火炬南阳防爆装备制造特色产业基地	2013		
国家火炬民权制冷设备特色产业基地	2013		
国家火炬葛店生物技术与新医药特色产业基地	2001	湖北	12
国家火炬谷城节能与环保特色产业基地	2002		
国家火炬武汉高分子及复合材料特色产业基地	2002		
国家火炬十堰汽车关键零部件特色产业基地	2003		
国家火炬武汉汽车电子特色产业基地	2004		
国家火炬襄阳汽车动力与部件特色产业基地	2004		
国家火炬应城精细化工新材料特色产业基地	2004		
国家火炬武汉青山环保特色产业基地	2005		
国家火炬襄阳节能电机与控制设备特色产业基地	2006		
国家火炬计划武汉江夏装备制造特色产业基地	2009		
国家火炬计划湖北安陆粮食机械特色产业基地	2009		
国家火炬计划武汉阳逻钢结构特色产业基地	2011		
国家火炬浏阳生物医药特色产业基地	2002	湖南	7
国家火炬益阳机械与装备制造特色产业基地	2004		

续表

特色产业基地名称	批准时间（年份）	所在地	数量（家）
国家火炬湘潭新能源装备特色产业基地	2005	湖南	7
国家火炬衡阳输变电装备特色产业基地	2005		
国家火炬计划株洲硬质合金产业基地	2007		
国家火炬计划株洲中小航空发动机特色产业基地	2008		
国家火炬岳阳精细化工（石油）特色产业基地	2012		

附表3　特色产业基地一览表（3）——西部地区　　　　共计19家

特色产业基地名称	批准时间（年份）	所在地	数量（家）
国家火炬计划重庆九龙轻合金特色产业基地	2008	重庆	2
国家火炬计划重庆渝北汽车摩托车制造及现代服务特色产业基地	2011		
国家火炬成都金牛电子信息特色产业基地	2002	四川	2
国家火炬泸州高新区先进工程机械及关键零部件特色产业基地	2015		
国家火炬计划遵义航天军转民（装备制造）产业基地	2007	贵州	2
国家火炬黔东南州苗侗医药特色产业基地	2015		
国家火炬计划西安高新区生物医药产业基地	2007	陕西	6
国家火炬计划宝鸡钛产业基地	2008		
国家火炬计划宝鸡石油钻采装备制造特色产业基地	2009		
国家火炬计划宝鸡重型汽车及零部件特色产业基地	2009		
国家火炬计划西安航空特色产业基地	2010		
国家火炬咸阳高端橡胶特色产业基地	2014		
国家火炬计划白银有色金属新材料及制品产业基地	2008	甘肃	1
国家火炬计划石嘴山稀有金属材料及制品产业基地	2008	宁夏	2
国家火炬计划灵武羊绒产业基地	2008		

特色产业基地名称	批准时间（年份）	所在地	数量（家）
国家火炬计划乌鲁木齐米东石油化工和煤化工特色产业基地	2009	新疆	2
国家火炬计划克拉玛依石油石化特色产业基地	2009		
国家火炬河池有色金属新材料特色产业基地	2012	广西	1
国家火炬计划呼和浩特生物发酵特色产业基地	2002	内蒙古	1

附表 4　特色产业基地一览表（4）——东北地区　　共计 32 家

特色产业基地名称	批准时间（年份）	所在地	数量（家）
国家火炬本溪中药科技特色产业基地	2006	辽宁	15
国家火炬计划锦州硅材料及太阳能电池产业基地	2007		
国家火炬计划鞍山柔性输配电及冶金自动化装备产业基地	2008		
国家火炬计划盘锦石油装备制造特色产业基地	2009		
国家火炬计划朝阳新能源电器特色产业基地	2010		
国家火炬计划辽宁（万家）数字技术特色产业基地	2011		
国家火炬计划阜新液压装备特色产业基地	2011		
国家火炬辽宁换热设备特色产业基地	2011		
国家火炬铁岭石油装备特色产业基地	2012		
国家火炬鞍山激光科技特色产业基地	2013		
国家火炬营口汽车保修检测设备特色产业基地	2013		
国家火炬锦州汽车零部件特色产业基地	2013		
国家火炬开原起重机械制造特色产业基地	2013		

续表

特色产业基地名称	批准时间（年份）	所在地	数量（家）
国家火炬辽宁调兵山煤机装备制造特色产业基地	2014	辽宁	15
国家火炬鞍山精细有机新材料特色产业基地	2014		
国家火炬大连双 D 港生物医药特色产业基地	2005	大连	3
国家火炬大连金州新区数控机床特色产业基地	2014		
国家火炬大连金州新区核电装备特色产业基地	2014		
国家火炬通化生物医药特色产业基地	2001	吉林	5
国家火炬敦化中药特色产业基地	2005		
国家火炬吉林电力电子特色产业基地	2005		
国家火炬通化中药特色产业基地	2005		
国家火炬梅河口现代中医药特色产业基地	2013		
国家火炬牡丹江硬质材料特色产业基地	2002	黑龙江	9
国家火炬哈尔滨抗生素特色产业基地	2004		
国家火炬计划哈尔滨发电设备产业基地	2007		
国家火炬计划大庆市宏伟石化产业基地	2007		
国家火炬计划大庆新型复合材料及制品产业基地	2007		
国家火炬计划哈尔滨汽车制造特色产业基地	2009		
国家火炬计划齐齐哈尔重型机械装备特色产业基地	2009		
国家火炬计划大庆石油石化装备制造特色产业基地	2009		
国家火炬计划哈尔滨新媒体特色产业基地	2009		

附表5 特色产业基地 2011～2015 年主要数据

年份	基地数 （个）	基地内企业数 （个）	工业总产值 （亿元）	总收入 （亿元）	上缴税额 （亿元）	净利润 （亿元）	出口创汇额 （亿美元）
2015	391	126393	92851.4	91233.1	4889.0	6115.6	1809.5
2014	369	118231	88227.1	85646.0	4996.5	5874.9	1744.1
2013	342	102893	81647.3	76521.4	4407.7	5563.6	1560.3
2012	314	93128	69539.1	68648.3	3844.1	4819.8	1463.7
2011	288	85394	60681.6	61061.4	3606.6	4472.9	1364.6

二、2015 年复核数据

附表6 特色产业基地 2015 年复核一览表（1）——东部地区　　　共计 81 家

序号	特色产业基地名称	所在地	批次
1	国家火炬泉州微波通信特色产业基地	福建	2
2	国家火炬福安中小电机特色产业基地	福建	1
3	国家火炬惠州 LED 特色产业基地	广东	1
4	国家火炬佛山新材料产业基地	广东	2
5	国家火炬鹤山金属材料特色产业基地	广东	2
6	国家火炬计划江门纺织化纤产业基地	广东	2
7	国家火炬湛江海洋特色产业基地	广东	2

续表

序号	特色产业基地名称	所在地	批次
8	国家火炬计划佛山精密制造产业基地	广东	2
9	国家火炬佛山自动化机械及设备特色产业基地	广东	2
10	国家火炬中山（临海）船舶制造与海洋工程特色产业基地	广东	2
11	国家火炬计划顺德家用电器产业基地	广东	2
12	国家火炬计划佛山电子电器产业基地	广东	2
13	国家火炬唐山陶瓷材料特色产业基地	河北	2
14	国家火炬保定新能源与能源设备特色产业基地	河北	2
15	国家火炬响水盐化工特色产业基地	江苏	1
16	国家火炬滨海高分子材料特色产业基地	江苏	1
17	国家火炬海门化工和生物医药材料特色产业基地	江苏	2
18	国家火炬宜兴无机非金属材料特色产业基地	江苏	2
19	国家火炬锡山化工材料特色产业基地	江苏	2
20	国家火炬南通化工新材料特色产业基地	江苏	2
21	国家火炬丹阳高性能合金材料特色产业基地	江苏	2
22	国家火炬常熟高分子材料特色产业基地	江苏	2
23	国家火炬武进建材特色产业基地	江苏	2
24	国家火炬东海硅材料特色产业基地	江苏	2
25	国家火炬惠山特种冶金新材料特色产业基地	江苏	2
26	国家火炬镇江沿江绿色化工特色产业基地	江苏	2
27	国家火炬金坛精细化学品特色产业基地	江苏	2
28	国家火炬太仓高分子材料特色产业基地	江苏	2
29	国家火炬苏州工业园区生物医药特色产业基地	江苏	1
30	国家火炬连云港化学创新药和现代中药特色产业基地	江苏	2

序号	特色产业基地名称	所在地	批次
31	国家火炬吴中医药特色产业基地	江苏	2
32	国家火炬常州高新区生物药和化学药特色产业基地	江苏	2
33	国家火炬南京浦口生物医药产业基地	江苏	2
34	国家火炬江苏昆山机器人特色产业基地	江苏	1
35	国家火炬汾湖超高速节能电梯特色产业基地	江苏	1
36	国家火炬邗江硫资源利用装备特色产业基地	江苏	1
37	国家火炬海安锻压装备特色产业基地	江苏	1
38	国家火炬江苏沿江对俄合作高新技术产业基地	江苏	2
39	国家火炬昆山模具特色产业基地	江苏	2
40	国家火炬邗江数控金属板材加工设备特色产业基地	江苏	2
41	国家火炬南京建邺移动互联特色产业基地	江苏	1
42	国家火炬镇江光电子与通信元器件产业基地	江苏	2
43	国家火炬通州电子元器件及材料产业基地	江苏	2
44	国家火炬昆山传感器特色产业基地	江苏	2
45	国家火炬如皋输变电装备特色产业基地	江苏	1
46	国家火炬高邮特种电缆特色产业基地	江苏	1
47	国家火炬吴江光电缆产业基地	江苏	2
48	国家火炬扬中电力电器产业基地	江苏	2
49	国家火炬江宁智能电网特色产业基地	江苏	2
50	国家火炬靖江微特电机及控制特色产业基地	江苏	2
51	国家火炬姜堰汽车关键零部件产业基地	江苏	2
52	国家火炬常州轨道交通车辆及部件特色产业基地	江苏	2
53	国家火炬宁波电子信息特色产业基地	宁波	2

续表

序号	特色产业基地名称	所在地	批次
54	国家火炬青岛有机高分子新材料特色产业基地	青岛	2
55	国家火炬济南新型功能材料特色产业基地	山东	1
56	国家火炬高唐非木纤维浆纸及制品特色产业基地	山东	1
57	国家火炬莱芜粉末冶金特色产业基地	山东	1
58	国家火炬诸城汽车及零部件特色产业基地	山东	1
59	国家火炬诸城汽车及零部件特色产业基地	山东	1
60	国家火炬济宁生物制药与中成药特色产业基地	山东	2
61	国家火炬禹城功能糖特色产业基地	山东	2
62	国家火炬鲁北海洋科技特色产业基地	山东	2
63	国家火炬济南生物工程与新医药特色产业基地	山东	2
64	国家火炬济南先进机电与装备制造特色产业基地	山东	2
65	国家火炬济宁工程机械特色产业基地	山东	2
66	国家火炬武清新金属材料特色产业基地	天津	1
67	国家火炬天津京滨石油装备特色产业基地	天津	1
68	国家火炬天津中北汽车特色产业基地	天津	1
69	国家火炬黄岩塑料模具特色产业基地	浙江	2
70	国家火炬海宁软磁材料特色产业基地	浙江	2
71	国家火炬绍兴纺织特色产业基地	浙江	2
72	国家火炬桐乡新型纤维特色产业基地	浙江	2
73	国家火炬上虞精细化工特色产业基地	浙江	2
74	国家火炬新昌化学药和中成药特色产业基地	浙江	2
75	国家火炬兰溪天然药物特色产业基地	浙江	2
76	国家火炬诸暨环保装备特色产业基地	浙江	2

序号	特色产业基地名称	所在地	批次
77	国家火炬平湖光机电特色产业基地	浙江	2
78	国家火炬富阳光通信特色产业基地	浙江	2
79	国家火炬嘉兴电子信息特色产业基地	浙江	2
80	国家火炬乐清智能电器特色产业基地	浙江	2
81	国家火炬萧山高性能机电基础件特色产业基地	浙江	2

附表 7　特色产业基地 2015 年复核一览表（2）——中部地区　　共计 22 家

序号	特色产业基地名称	所在地	批次
1	国家火炬黄山软包装新材料特色产业基地	安徽	1
2	国家火炬铜陵电子材料特色产业基地	安徽	2
3	国家火炬博望高端数控机床及刃模具特色产业基地	安徽	1
4	国家火炬宁国橡塑密封件特色产业基地	安徽	1
5	国家火炬郑州超硬材料特色产业基地	河南	2
6	国家火炬濮阳生物化工特色产业基地	河南	2
7	国家火炬谷城节能与环保特色产业基地	湖北	2
8	国家火炬武汉高分子及复合材料特色产业基地	湖北	2
9	国家火炬应城精细化工新材料特色产业基地	湖北	2
10	国家火炬葛店生物技术与新医药特色产业基地	湖北	2
11	国家火炬十堰汽车关键零部件特色产业基地	湖北	2
12	国家火炬武汉汽车电子特色产业基地	湖北	2
13	国家火炬襄阳汽车动力与部件特色产业基地	湖北	2

序号	特色产业基地名称	所在地	批次
14	国家火炬岳阳精细化工（石油）特色产业基地	湖南	1
15	国家火炬浏阳生物医药特色产业基地	湖南	2
16	国家火炬益阳机械与装备制造特色产业基地	湖南	2
17	国家火炬通化生物医药特色产业基地	吉林	2
18	国家火炬九江星火有机硅材料特色产业基地	江西	2
19	国家火炬大同医药材料特色产业基地	山西	1
20	国家火炬迎泽高端包装装备及材料特色产业基地	山西	1
21	国家火炬永济电机特色产业基地	山西	1
22	国家火炬太原钕铁硼材料特色产业基地	山西	1

附表8 特色产业基地 2015 年复核一览表（3）——西部地区　　　　共计 2 家

序号	特色产业基地名称	所在地	批次
1	国家火炬河池有色金属新材料特色产业基地	广西	1
2	国家火炬成都金牛电子信息特色产业基地	四川	2

附表9 特色产业基地 2015 年复核一览表（4）——东北地区　　　　共计 3 家

序号	特色产业基地名称	所在地	批次
1	国家火炬铁岭石油装备特色产业基地	辽宁	1
2	国家火炬牡丹江硬质材料特色产业基地	黑龙江	2
3	国家火炬哈尔滨抗生素特色产业基地	黑龙江	2

附表 10　特色产业基地 2015 年复核通过一览表（1）——东部地区　　共计 77 家

序号	所在地	特色产业基地名称
1	天津	国家火炬武清新金属材料特色产业基地
2		国家火炬天津中北汽车特色产业基地
3		国家火炬天津京滨石油装备特色产业基地
4	河北	国家火炬保定新能源与能源设备特色产业基地
5		国家火炬唐山陶瓷材料特色产业基地
6	江苏	国家火炬姜堰汽车关键零部件特色产业基地
7		国家火炬常州轨道交通车辆及部件特色产业基地
8		国家火炬如皋输变电装备特色产业基地
9		国家火炬高邮特种电缆特色产业基地
10		国家火炬吴江光电缆特色产业基地
11		国家火炬扬中电力电器特色产业基地
12		国家火炬江宁智能电网特色产业基地
13		国家火炬靖江微特电机及控制特色产业基地
14		国家火炬南京建邺移动互联特色产业基地
15		国家火炬镇江光电子与通信元器件特色产业基地
16		国家火炬通州电子元器件及材料特色产业基地
17		国家火炬昆山传感器特色产业基地
18		国家火炬江苏昆山机器人特色产业基地
19		国家火炬汾湖超高速节能电梯特色产业基地
20		国家火炬邗江硫资源利用装备特色产业基地
21		国家火炬海安锻压装备特色产业基地
22		国家火炬昆山模具特色产业基地
23		国家火炬邗江数控金属板材加工设备特色产业基地

续表

序号	所在地	特色产业基地名称
24	江苏	国家火炬苏州工业园区生物医药特色产业基地
25		国家火炬连云港化学创新药和现代中药特色产业基地
26		国家火炬吴中医药特色产业基地
27		国家火炬常州高新区生物药和化学药特色产业基地
28		国家火炬南京浦口生物医药特色产业基地
29		国家火炬响水盐化工特色产业基地
30		国家火炬滨海高分子材料特色产业基地
31		国家火炬海门化工和生物医药材料特色产业基地
32		国家火炬宜兴无机非金属材料特色产业基地
33		国家火炬锡山化工材料特色产业基地
34		国家火炬南通化工新材料特色产业基地
35		国家火炬丹阳高性能合金材料特色产业基地
36		国家火炬常熟高分子材料特色产业基地
37		国家火炬太仓高分子材料特色产业基地
38		国家火炬武进建材特色产业基地
39		国家火炬东海硅材料特色产业基地
40		国家火炬惠山特种冶金新材料特色产业基地
41		国家火炬镇江沿江绿色化工特色产业基地
42		国家火炬金坛精细化学品特色产业基地
43	浙江	国家火炬乐清智能电器特色产业基地
44		国家火炬萧山高性能机电基础件特色产业基地
45		国家火炬富阳光通信特色产业基地

序号	所在地	特色产业基地名称
46	浙江	国家火炬嘉兴电子信息特色产业基地
47		国家火炬诸暨环保装备特色产业基地
48		国家火炬平湖光机电特色产业基地
49		国家火炬新昌化学药和中成药特色产业基地
50		国家火炬兰溪天然药物特色产业基地
51		国家火炬黄岩塑料模具特色产业基地
52		国家火炬海宁软磁材料特色产业基地
53		国家火炬绍兴纺织特色产业基地
54		国家火炬桐乡新型纤维特色产业基地
55		国家火炬上虞精细化工特色产业基地
56	福建	国家火炬福安中小电机特色产业基地
57		国家火炬泉州微波通信特色产业基地
58	山东	国家火炬诸城汽车及零部件特色产业基地
59		国家火炬济南先进机电与装备制造特色产业基地
60		国家火炬济宁工程机械特色产业基地
61		国家火炬潍坊生物制药与中成药特色产业基地
62		国家火炬济宁生物制药与中成药特色产业基地
63		国家火炬禹城功能糖特色产业基地
64		国家火炬鲁北海洋科技特色产业基地
65		国家火炬济南生物工程与新医药特色产业基地
66		国家火炬莱芜粉末冶金特色产业基地
67		国家火炬济南新型功能材料特色产业基地

序号	所在地	特色产业基地名称
68	广东	国家火炬惠州 LED 特色产业基地
69		国家火炬佛山自动化机械及设备特色产业基地
70		国家火炬中山（临海）船舶制造与海洋工程特色产业基地
71		国家火炬顺德家用电器特色产业基地
72		国家火炬计划佛山电子电器产业基地（2016 年复核取消）
73		国家火炬鹤山金属材料特色产业基地
74		国家火炬湛江海洋特色产业基地
75		国家火划江门纺织化纤特色产业基地
76	宁波	国家火炬宁波电子信息特色产业基地
77	青岛	国家火炬青岛有机高分子新材料特色产业基地

附表 11　特色产业基地 2015 年复核通过一览表（2）——中部地区　　共计 21 家

序号	所在地	特色产业基地名称
1	山西	国家火炬永济电机特色产业基地
2		国家火炬迎泽高端包装装备及材料特色产业基地
3		国家火炬太原钕铁硼材料特色产业基地
4		国家火炬大同医药材料特色产业基地
5	安徽	国家火炬博望高端数控机床及刃模具特色产业基地
6		国家火炬宁国橡塑密封件特色产业基地
7		国家火炬黄山软包装新材料特色产业基地
8		国家火炬铜陵电子材料特色产业基地

序号	所在地	特色产业基地名称
9	江西	国家火炬九江星火有机硅材料特色产业基地
10	河南	国家火炬濮阳生物化工特色产业基地
11		国家火炬郑州超硬材料特色产业基地
12		国家火炬十堰汽车关键零部件特色产业基地
13		国家火炬武汉汽车电子特色产业基地
14		国家火炬襄阳汽车动力与部件特色产业基地
15	湖北	国家火炬葛店生物技术与新医药特色产业基地
16		国家火炬谷城节能与环保特色产业基地
17		国家火炬武汉高分子及复合材料特色产业基地
18		国家火炬应城精细化工新材料特色产业基地
19		国家火炬益阳机械与装备制造特色产业基地
20	湖南	国家火炬浏阳生物医药特色产业基地
21		国家火炬岳阳精细化工（石油）特色产业基地

注：国家火炬特色产业基地排序不分先后。

附表 12　特色产业基地 2015 年复核通过一览表（3）——东北地区　　共计 4 家

序号	所在地	特色产业基地名称
1	辽宁	国家火炬铁岭石油装备特色产业基地
2	吉林	国家火炬通化生物医药特色产业基地
3	黑龙江	国家火炬牡丹江硬质材料特色产业基地
4		国家火炬哈尔滨抗生素特色产业基地

三、2015 年数据

附表 13 特色产业基地 2015 年总收入前一百名

序号	所在地	特色产业基地名称	总收入（亿元）
1	广东	国家火炬惠州智能视听特色产业基地	2521.8
2	江苏	国家火炬吴江（盛泽）新兴纺织纤维及面料特色产业基地	2240.2
3	新疆	国家火炬计划克拉玛依石油石化特色产业基地	1768.2
4	广东	国家火炬计划广州花都汽车及零部件产业基地	1356.8
5	江苏	国家火炬计划南京雨花现代通信软件特色产业基地	985.0
6	山东	国家火炬东营铜冶炼与铜材深加工特色产业基地	983.7
7	上海	国家火炬计划上海安亭汽车零部件产业基地	936.4
8	江苏	国家火炬江阴高新区特钢新材料及其制品特色产业基地	908.2
9	广东	国家火炬计划中山日用电器特色产业基地	874.1
10	广东	国家火炬佛山自动化机械及设备特色产业基地	864.9
11	山东	国家火炬潍坊滨海海洋化工特色产业基地	843.4
12	湖南	国家火炬岳阳精细化工（石油）特色产业基地	829.7
13	江苏	国家火炬扬州汽车及零部件特色产业基地	825.4
14	河北	国家火炬廊坊大数据特色产业基地	813.4
15	湖南	国家火炬浏阳生物医药特色产业基地	813.3
16	江苏	国家火炬计划宜兴电线电缆产业基地	810.2

序号	所在地	特色产业基地名称	总收入（亿元）
17	江苏	国家火炬惠山特种冶金新材料特色产业基地	808.2
18	山东	国家火炬计划东营石油装备特色产业基地	808.1
19	浙江	国家火炬平湖光机电特色产业基地	804.6
20	江苏	国家火炬计划扬州智能电网特色产业基地	800.9
21	江苏	国家火炬兴化特种合金材料及制品特色产业基地	794.4
22	广东	国家火炬计划广州高新区环保新材料产业基地	783.5
23	山东	国家火炬诸城汽车及零部件特色产业基地	776.6
24	江苏	国家火炬丹阳高性能合金材料特色产业基地	766.2
25	湖北	国家火炬襄阳汽车动力与部件特色产业基地	758.0
26	黑龙江	国家火炬计划大庆市宏伟石化产业基地	720.8
27	江苏	国家火炬苏州汽车零部件特色产业基地	683.8
28	山东	国家火炬计划潍坊动力机械特色产业基地	682.8
29	江苏	国家火炬计划常州输变电设备产业基地	678.8
30	江苏	国家火炬常熟电气机械特色产业基地	654.2
31	江苏	国家火炬计划宜兴环保装备制造及服务特色产业基地	637.6
32	辽宁	国家火炬计划盘锦石油装备制造特色产业基地	620.8
33	安徽	国家火炬计划芜湖节能环保汽车及零部件高新技术特色产业基地	615.8
34	山东	国家火炬鲁北海洋科技特色产业基地	602.2
35	甘肃	国家火炬计划白银有色金属新材料及制品产业基地	600.8
36	重庆	国家火炬计划重庆九龙轻合金特色产业基地	585.8

续表

序号	所在地	特色产业基地名称	总收入（亿元）
37	江苏	国家火炬徐州工程机械特色产业基地	583.0
38	新疆	国家火炬计划乌鲁木齐米东石油化工和煤化工特色产业基地	560.4
39	浙江	国家火炬绍兴健康装备和医用新材料特色产业基地	557.9
40	江苏	国家火炬泰州医药特色产业基地	550.0
41	江苏	国家火炬江宁智能电网特色产业基地	534.9
42	安徽	国家火炬铜陵电子材料特色产业基地	533.7
43	浙江	国家火炬绍兴纺织特色产业基地	530.8
44	安徽	国家火炬无为特种电缆特色产业基地	527.7
45	江苏	国家火炬宜兴无机非金属材料特色产业基地	527.7
46	河北	国家火炬沙河现代功能与艺术玻璃特色产业基地	517.7
47	江苏	国家火炬计划盐城汽车零部件及装备特色产业基地	515.2
48	吉林	国家火炬通化生物医药特色产业基地	507.7
49	浙江	国家火炬计划绍兴纺织装备特色产业基地	493.4
50	江苏	国家火炬无锡新区汽车电子及部件特色产业基地	492.8
51	宁波	国家火炬宁波电子信息特色产业基地	491.8
52	河北	国家火炬保定新能源与能源设备特色产业基地	487.8
53	湖南	国家火炬益阳机械与装备制造特色产业基地	483.4
54	山东	国家火炬济宁纺织新材料特色产业基地	480.3
55	广东	国家火炬佛山电子新材料特色产业基地	468.7
56	江苏	国家火炬南通化工新材料特色产业基地	464.0

序号	所在地	特色产业基地名称	总收入（亿元）
57	江苏	国家火炬常熟高分子材料特色产业基地	456.8
58	江苏	国家火炬江阴高性能合金材料及制品特色产业基地	439.3
59	湖北	国家火炬计划武汉阳逻钢结构特色产业基地	436.1
60	广东	国家火炬惠州 LED 特色产业基地	433.7
61	湖北	国家火炬武汉汽车电子特色产业基地	420.1
62	山东	国家火炬明水先进机械制造特色产业基地	419.1
63	江苏	国家火炬扬中电力电器特色产业基地	416.0
64	江苏	国家火炬张家港精细化工特色产业基地	405.5
65	江苏	国家火炬锡山化工材料特色产业基地	397.2
66	山东	国家火炬寿光卤水综合利用特色产业基地	395.1
67	江苏	国家火炬昆山高端装备制造产业基地	387.5
68	广东	国家火炬计划茂名石化产业基地	385.6
69	江苏	国家火炬苏州工业园区生物医药特色产业基地	372.1
70	江苏	国家火炬无锡新区生物医药及医疗器械特色产业基地	368.3
71	江苏	国家火炬镇江沿江绿色化工特色产业基地	367.3
72	江苏	国家火炬常熟汽车零部件特色产业基地	364.2
73	江苏	国家火炬泰州光伏与储能新能源特色产业基地	363.7
74	山东	国家火炬济南生物工程与新医药特色产业基地	356.1
75	广东	国家火炬汕头金平轻工机械装备制造特色产业基地	354.6
76	山东	国家火炬滕州中小数控机床特色产业基地	352.1

续表

序号	所在地	特色产业基地名称	总收入（亿元）
77	天津	国家火炬天津中北汽车特色产业基地	342.9
78	陕西	国家火炬计划宝鸡钛产业基地	342.6
79	浙江	国家火炬萧山高性能机电基础件特色产业基地	341.4
80	安徽	国家火炬太和医药高端制剂特色产业基地	335.3
81	江苏	国家火炬计划昆山电路板特色产业基地	332.0
82	江苏	国家火炬常州轨道交通车辆及部件特色产业基地	330.5
83	浙江	国家火炬计划衢州空气动力机械特色产业基地	324.9
84	江苏	国家火炬计划常州湖塘新型色织面料特色产业基地	320.2
85	山东	国家火炬计划临沭复合肥产业基地	319.7
86	广东	国家火炬计划东莞市长安模具产业基地	317.6
87	陕西	国家火炬计划西安航空特色产业基地	316.2
88	江苏	国家火炬姜堰汽车关键零部件特色产业基地	312.5
89	江苏	国家火炬计划无锡轻型多功能电动车产业基地	311.9
90	宁波	国家火炬计划宁波慈溪智能家电特色产业基地	311.4
91	广东	国家火炬汕头澄海智能玩具创意设计与制造特色产业基地	310.2
92	河南	国家火炬计划长垣起重机械产业基地	309.1
93	安徽	国家火炬计划合肥公共安全信息技术特色产业基地	306.6
94	江苏	国家火炬计划盐城环保装备特色产业基地	301.2
95	安徽	国家火炬计划蚌埠精细化工特色产业基地	298.2
96	广东	国家火炬计划江门半导体照明特色产业基地	295.6

序号	所在地	特色产业基地名称	总收入（亿元）
97	浙江	国家火炬计划浙江衢州氟硅新材料产业基地	295.4
98	江苏	国家火炬连云港化学创新药和现代中药特色产业基地	294.1
99	江苏	国家火炬靖江微特电机及控制特色产业基地	289.7
100	陕西	国家火炬计划西安高新区生物医药产业基地	289.4

注：表中统计基础为 2015 年 384 家基地数据。

附表 14 特色产业基地 2015 年工业总产值前一百名

序号	所在地	特色产业基地名称	工业总产值（亿元）
1	重庆	国家火炬计划重庆渝北汽车摩托车制造及现代服务特色产业基地	3200.0
2	广东	国家火炬惠州智能视听特色产业基地	2509.5
3	新疆	国家火炬计划克拉玛依石油石化特色产业基地	1759.6
4	广东	国家火炬计划广州花都汽车及零部件产业基地	1345.2
5	广东	国家火炬计划中山日用电器特色产业基地	1045.0
6	山东	国家火炬东营铜冶炼与铜材深加工特色产业基地	1003.3
7	江苏	国家火炬计划南京雨花现代通信软件特色产业基地	985.6
8	江苏	国家火炬计划宜兴电线电缆产业基地	914.3
9	江苏	国家火炬江阴高新区特钢新材料及其制品特色产业基地	908.2
10	江苏	国家火炬计划扬州智能电网特色产业基地	888.9
11	广东	国家火炬佛山自动化机械及设备特色产业基地	884.2
12	江苏	国家火炬丹阳高性能合金材料特色产业基地	865.2

续表

序号	所在地	特色产业基地名称	工业总产值（亿元）
13	湖南	国家火炬浏阳生物医药特色产业基地	856.6
14	江苏	国家火炬扬州汽车及零部件特色产业基地	849.3
15	山东	国家火炬潍坊滨海海洋化工特色产业基地	841.9
16	山东	国家火炬计划东营石油装备特色产业基地	841.6
17	广东	国家火炬计划广州高新区环保新材料产业基地	837.0
18	上海	国家火炬计划上海安亭汽车零部件产业基地	822.6
19	江苏	国家火炬惠山特种冶金新材料特色产业基地	820.4
20	浙江	国家火炬平湖光机电特色产业基地	809.8
21	湖南	国家火炬岳阳精细化工（石油）特色产业基地	808.1
22	江苏	国家火炬兴化特种合金材料及制品特色产业基地	794.4
23	山东	国家火炬诸城汽车及零部件特色产业基地	786.8
24	湖北	国家火炬襄阳汽车动力与部件特色产业基地	778.7
25	黑龙江	国家火炬计划大庆市宏伟石化产业基地	756.2
26	江苏	国家火炬泰州医药特色产业基地	722.0
27	山东	国家火炬计划潍坊动力机械特色产业基地	698.4
28	江苏	国家火炬计划常州输变电设备产业基地	689.7
29	江苏	国家火炬吴江（盛泽）新兴纺织纤维及面料特色产业基地	674.2
30	江苏	国家火炬计划宜兴环保装备制造及服务特色产业基地	668.8
31	江苏	国家火炬常熟电气机械特色产业基地	660.1
32	山东	国家火炬鲁北海洋科技特色产业基地	640.7

序号	所在地	特色产业基地名称	工业总产值（亿元）
33	江苏	国家火炬苏州汽车零部件特色产业基地	635.2
34	安徽	国家火炬计划芜湖节能环保汽车及零部件高新技术特色产业基地	627.3
35	重庆	国家火炬计划重庆九龙轻合金特色产业基地	601.4
36	江苏	国家火炬江宁智能电网特色产业基地	600.5
37	江苏	国家火炬徐州工程机械特色产业基地	585.4
38	浙江	国家火炬绍兴纺织特色产业基地	556.9
39	新疆	国家火炬计划乌鲁木齐米东石油化工和煤化工特色产业基地	550.1
40	吉林	国家火炬通化生物医药特色产业基地	545.4
41	江苏	国家火炬宜兴无机非金属材料特色产业基地	534.4
42	江苏	国家火炬南通化工新材料特色产业基地	533.6
43	安徽	国家火炬铜陵电子材料特色产业基地	516.6
44	湖北	国家火炬计划武汉阳逻钢结构特色产业基地	505.6
45	安徽	国家火炬无为特种电缆特色产业基地	502.6
46	江苏	国家火炬常熟高分子材料特色产业基地	496.6
47	广东	国家火炬佛山电子新材料特色产业基地	494.0
48	江苏	国家火炬无锡新区汽车电子及部件特色产业基地	484.3
49	辽宁	国家火炬计划盘锦石油装备制造特色产业基地	483.0
50	江苏	国家火炬计划盐城汽车零部件及装备特色产业基地	480.4
51	浙江	国家火炬计划绍兴纺织装备特色产业基地	473.5
52	江苏	国家火炬扬中电力电器特色产业基地	473.0

序号	所在地	特色产业基地名称	工业总产值（亿元）
53	湖北	国家火炬葛店生物技术与新医药特色产业基地	452.7
54	江苏	国家火炬江阴高性能合金材料及制品特色产业基地	439.4
55	湖南	国家火炬益阳机械与装备制造特色产业基地	433.2
56	山东	国家火炬明水先进机械制造特色产业基地	432.5
57	江苏	国家火炬锡山化工材料特色产业基地	431.3
58	河北	国家火炬沙河现代功能与艺术玻璃特色产业基地	425.8
59	山东	国家火炬寿光卤水综合利用特色产业基地	420.0
60	江苏	国家火炬张家港精细化工特色产业基地	415.2
61	广东	国家火炬计划茂名石化产业基地	412.9
62	山东	国家火炬济南生物工程与新医药特色产业基地	410.1
63	江苏	国家火炬昆山高端装备制造产业基地	410.0
64	河北	国家火炬保定新能源与能源设备特色产业基地	403.2
65	江苏	国家火炬镇江沿江绿色化工特色产业基地	401.6
66	山东	国家火炬济宁纺织新材料特色产业基地	392.5
67	江苏	国家火炬常熟汽车零部件特色产业基地	386.0
68	广东	国家火炬汕头金平轻工机械装备制造特色产业基地	381.3
69	江苏	国家火炬苏州工业园区生物医药特色产业基地	380.0
70	山东	国家火炬滕州中小数控机床特色产业基地	377.3
71	江苏	国家火炬泰州光伏与储能新能源特色产业基地	376.4
72	江苏	国家火炬常州轨道交通车辆及部件特色产业基地	370.0

序号	所在地	特色产业基地名称	工业总产值（亿元）
73	广东	国家火炬计划东莞市长安模具产业基地	365.0
74	浙江	国家火炬萧山高性能机电基础件特色产业基地	351.8
75	陕西	国家火炬计划西安航空特色产业基地	351.4
76	江苏	国家火炬计划常州湖塘新型色织面料特色产业基地	335.1
77	陕西	国家火炬计划宝鸡重型汽车及零部件特色产业基地	330.4
78	江苏	国家火炬计划昆山电路板特色产业基地	330.0
79	江苏	国家火炬姜堰汽车关键零部件特色产业基地	329.7
80	广东	国家火炬惠州 LED 特色产业基地	329.6
81	江苏	国家火炬连云港化学创新药和现代中药特色产业基地	328.0
82	湖北	国家火炬武汉汽车电子特色产业基地	327.6
83	江西	国家火炬计划景德镇陶瓷新材料及制品产业基地	326.0
84	河南	国家火炬计划长垣起重机械产业基地	324.0
85	安徽	国家火炬计划蚌埠精细化工特色产业基地	321.9
86	广东	国家火炬计划江门半导体照明特色产业基地	321.2
87	河北	国家火炬廊坊大数据特色产业基地	319.6
88	宁波	国家火炬计划宁波慈溪智能家电特色产业基地	319.5
89	甘肃	国家火炬计划白银有色金属新材料及制品产业基地	318.5
90	广东	国家火炬汕头澄海智能玩具创意设计与制造特色产业基地	316.3
91	江苏	国家火炬计划无锡轻型多功能电动车产业基地	313.6
92	江苏	国家火炬靖江微特电机及控制特色产业基地	303.8

续表

序号	所在地	特色产业基地名称	工业总产值（亿元）
93	安徽	国家火炬计划合肥公共安全信息技术特色产业基地	302.5
94	天津	国家火炬天津中北汽车特色产业基地	292.0
95	江苏	国家火炬海门化工和生物医药材料特色产业基地	284.7
96	湖北	国家火炬十堰汽车关键零部件特色产业基地	284.3
97	安徽	国家火炬计划滁州家电设计与制造特色产业基地	283.6
98	陕西	国家火炬计划宝鸡钛产业基地	282.6
99	山东	国家火炬计划临沭复合肥产业基地	282.2
100	浙江	国家火炬计划嘉兴汽车零部件特色产业基地	281.6

注：表中统计基础为 2015 年 384 家基地数据。

附表 15 特色产业基地 2015 年上缴税额前一百名

序号	所在地	特色产业基地名称	缴税（亿元）
1	新疆	国家火炬计划克拉玛依石油石化特色产业基地	285.7
2	广东	国家火炬计划广州花都汽车及零部件产业基地	128.5
3	黑龙江	国家火炬计划大庆市宏伟石化产业基地	127.5
4	浙江	国家火炬新昌化学药和中成药特色产业基地	105.8
5	新疆	国家火炬计划乌鲁木齐米东石油化工和煤化工特色产业基地	95.3
6	江苏	国家火炬江宁智能电网特色产业基地	89.6
7	江苏	国家火炬常州轨道交通车辆及部件特色产业基地	81.4
8	江苏	国家火炬江阴高新区特钢新材料及其制品特色产业基地	81.1

序号	所在地	特色产业基地名称	缴税（亿元）
9	陕西	国家火炬计划西安航空特色产业基地	75.7
10	广东	国家火炬惠州智能视听特色产业基地	73.1
11	河北	国家火炬廊坊大数据特色产业基地	62.7
12	江苏	国家火炬计划宜兴电线电缆产业基地	55.6
13	江苏	国家火炬丹阳高性能合金材料特色产业基地	55.0
14	江苏	国家火炬扬州汽车及零部件特色产业基地	54.1
15	江苏	国家火炬计划昆山电路板特色产业基地	52.0
16	江苏	国家火炬计划宜兴环保装备制造及服务特色产业基地	51.0
17	湖北	国家火炬襄阳汽车动力与部件特色产业基地	50.8
18	山东	国家火炬潍坊滨海海洋化工特色产业基地	48.1
19	广东	国家火炬计划中山日用电器特色产业基地	46.4
20	山东	国家火炬计划潍坊动力机械特色产业基地	45.4
21	江苏	国家火炬兴化特种合金材料及制品特色产业基地	45.0
22	江苏	国家火炬常熟电气机械特色产业基地	44.6
23	江苏	国家火炬吴江（盛泽）新兴纺织纤维及面料特色产业基地	42.6
24	上海	国家火炬计划上海安亭汽车零部件产业基地	42.4
25	江苏	国家火炬宜兴无机非金属材料特色产业基地	42.1
26	江苏	国家火炬常熟高分子材料特色产业基地	41.2
27	江苏	国家火炬泰州医药特色产业基地	40.1
28	江苏	国家火炬南通化工新材料特色产业基地	37.9

续表

序号	所在地	特色产业基地名称	缴税（亿元）
29	江苏	国家火炬连云港化学创新药和现代中药特色产业基地	34.6
30	江苏	国家火炬苏州汽车零部件特色产业基地	33.9
31	浙江	国家火炬临安电线电缆特色产业基地	31.9
32	浙江	国家火炬绍兴健康装备和医用新材料特色产业基地	28.9
33	山东	国家火炬东营铜冶炼与铜材深加工特色产业基地	28.4
34	安徽	国家火炬计划合肥公共安全信息技术特色产业基地	27.6
35	江苏	国家火炬无锡新区生物医药及医疗器械特色产业基地	27.5
36	江苏	国家火炬计划常州输变电设备产业基地	27.0
37	山东	国家火炬计划东营石油装备特色产业基地	26.8
38	江苏	国家火炬如皋输变电装备特色产业基地	26.4
39	江苏	国家火炬无锡新区汽车电子及部件特色产业基地	26.3
40	江苏	国家火炬镇江沿江绿色化工特色产业基地	25.7
41	山东	国家火炬计划淄博博山泵类产业基地	25.6
42	浙江	国家火炬瑞安汽车关键零部件特色产业基地	25.5
43	江苏	国家火炬张家港精细化工特色产业基地	25.0
44	江苏	国家火炬常熟汽车零部件特色产业基地	24.6
45	江苏	国家火炬扬中电力电器特色产业基地	24.5
46	江苏	国家火炬姜堰汽车关键零部件特色产业基地	24.5
47	宁波	国家火炬计划宁波慈溪智能家电特色产业基地	24.3
48	江苏	国家火炬苏州工业园区生物医药特色产业基地	24.3

序号	所在地	特色产业基地名称	缴税（亿元）
49	江苏	国家火炬徐州工程机械特色产业基地	23.8
50	河南	国家火炬计划焦作汽车零部件特色产业基地	23.1
51	吉林	国家火炬梅河口现代中医药特色产业基地	23.1
52	浙江	国家火炬平湖光机电特色产业基地	23.0
53	江苏	国家火炬锡山化工材料特色产业基地	22.8
54	江苏	国家火炬计划盐城汽车零部件及装备特色产业基地	22.0
55	天津	国家火炬天津中北汽车特色产业基地	21.5
56	辽宁	国家火炬计划朝阳新能源电器特色产业基地	21.1
57	河北	国家火炬保定新能源与能源设备特色产业基地	21.0
58	广东	国家火炬佛山自动化机械及设备特色产业基地	20.9
59	江苏	国家火炬计划南京雨花现代通信软件特色产业基地	20.6
60	安徽	国家火炬计划芜湖节能环保汽车及零部件高新技术特色产业基地	20.1
61	重庆	国家火炬计划重庆九龙轻合金特色产业基地	19.7
62	江苏	国家火炬计划扬州智能电网特色产业基地	19.7
63	江苏	国家火炬惠山特种冶金新材料特色产业基地	19.7
64	陕西	国家火炬计划西安高新区生物医药产业基地	19.5
65	湖北	国家火炬武汉汽车电子特色产业基地	19.4
66	宁波	国家火炬宁波鄞州新型金属材料特色产业基地	19.1
67	江苏	国家火炬泰兴精细专用化学品特色产业基地	18.9
68	湖南	国家火炬浏阳生物医药特色产业基地	18.8

续表

序号	所在地	特色产业基地名称	缴税（亿元）
69	湖北	国家火炬谷城节能与环保特色产业基地	18.6
70	吉林	国家火炬通化生物医药特色产业基地	18.5
71	广东	国家火炬计划茂名石化产业基地	18.2
72	江苏	国家火炬计划无锡滨湖高效节能装备特色产业基地	18.2
73	江苏	国家火炬江阴高性能合金材料及制品特色产业基地	18.1
74	江苏	国家火炬海门化工和生物医药材料特色产业基地	17.4
75	山东	国家火炬淄博生物医药特色产业基地	17.3
76	宁波	国家火炬宁波电子信息特色产业基地	17.3
77	江苏	国家火炬计划徐州经济开发区新能源特色产业基地	17.2
78	广东	国家火炬计划广州高新区环保新材料产业基地	17.2
79	江苏	国家火炬金坛精细化学品特色产业基地	16.6
80	安徽	国家火炬计划滁州家电设计与制造特色产业基地	16.5
81	山东	国家火炬计划德州新能源特色产业基地	16.1
82	安徽	国家火炬计划蚌埠精细化工特色产业基地	16.0
83	山东	国家火炬明水先进机械制造特色产业基地	15.9
84	江苏	国家火炬唐山陶瓷材料特色产业基地	15.9
85	天津	国家火炬天津京津电子商务特色产业基地	15.6
86	浙江	国家火炬计划德清县生物与医药特色产业基地	15.5
87	江苏	国家火炬泰州新技术船舶特色产业基地	15.4
88	山东	国家火炬菏泽生物医药特色产业基地	15.3

序号	所在地	特色产业基地名称	缴税（亿元）
89	山东	国家火炬寿光卤水综合利用特色产业基地	15.2
90	江苏	国家火炬东台特种金属材料及制品特色产业基地	15.2
91	山东	国家火炬禹城功能糖特色产业基地	15.2
92	浙江	国家火炬永嘉系统流程泵阀特色产业基地	15.1
93	宁波	国家火炬计划宁波余姚塑料模具特色产业基地	15.1
94	广东	国家火炬鹤山金属材料特色产业基地	15.1
95	湖南	国家火炬岳阳精细化工（石油）特色产业基地	14.9
96	浙江	国家火炬绍兴纺织特色产业基地	14.8
97	浙江	国家火炬桐乡新型纤维特色产业基地	14.6
98	山东	国家火炬诸城汽车及零部件特色产业基地	14.6
99	江苏	国家火炬计划海安建材机械装备特色产业基地	14.5
100	广东	国家火炬湛江海洋特色产业基地	14.4

注：表中统计基础为 2015 年 384 家基地数据。

附表 16　特色产业基地 2015 年净利润前一百名

序号	所在地	特色产业基地名称	净利润（亿元）
1	新疆	国家火炬计划克拉玛依石油石化特色产业基地	390.6
2	广东	国家火炬计划广州花都汽车及零部件产业基地	130.5
3	浙江	国家火炬新昌化学药和中成药特色产业基地	109.2
4	江苏	国家火炬计划南京雨花现代通信软件特色产业基地	100.9

序号	所在地	特色产业基地名称	净利润（亿元）
5	广东	国家火炬惠州智能视听特色产业基地	99.5
6	山东	国家火炬计划东营石油装备特色产业基地	79.1
7	广东	国家火炬佛山自动化机械及设备特色产业基地	78.7
8	江苏	国家火炬江阴高新区特钢新材料及其制品特色产业基地	78.0
9	山东	国家火炬计划潍坊动力机械特色产业基地	77.8
10	江苏	国家火炬扬州汽车及零部件特色产业基地	73.8
11	上海	国家火炬计划上海安亭汽车零部件产业基地	69.9
12	浙江	国家火炬平湖光机电特色产业基地	68.9
13	黑龙江	国家火炬计划大庆市宏伟石化产业基地	68.8
14	江苏	国家火炬丹阳高性能合金材料特色产业基地	64.7
15	江苏	国家火炬计划宜兴环保装备制造及服务特色产业基地	63.7
16	江苏	国家火炬宜兴无机非金属材料特色产业基地	63.5
17	江苏	国家火炬江宁智能电网特色产业基地	62.1
18	江苏	国家火炬苏州汽车零部件特色产业基地	57.2
19	安徽	国家火炬计划合肥公共安全信息技术特色产业基地	56.0
20	河北	国家火炬沙河现代功能与艺术玻璃特色产业基地	54.2
21	山东	国家火炬潍坊滨海海洋化工特色产业基地	54.1
22	江苏	国家火炬常熟高分子材料特色产业基地	52.2
23	江苏	国家火炬兴化特种合金材料及制品特色产业基地	49.9

序号	所在地	特色产业基地名称	净利润（亿元）
24	广东	国家火炬计划中山日用电器特色产业基地	49.8
25	河北	国家火炬邯郸新型功能材料特色产业基地	48.7
26	江苏	国家火炬常州轨道交通车辆及部件特色产业基地	48.7
27	广东	国家火炬佛山电子新材料特色产业基地	48.5
28	山东	国家火炬鲁北海洋科技特色产业基地	48.0
29	江苏	国家火炬常熟电气机械特色产业基地	47.3
30	河北	国家火炬廊坊大数据特色产业基地	44.4
31	江苏	国家火炬南通化工新材料特色产业基地	44.1
32	山东	国家火炬东营铜冶炼与铜材深加工特色产业基地	43.8
33	江苏	国家火炬连云港化学创新药和现代中药特色产业基地	43.2
34	江苏	国家火炬苏州工业园区生物医药特色产业基地	43.0
35	吉林	国家火炬通化生物医药特色产业基地	42.1
36	山东	国家火炬菏泽生物医药特色产业基地	42.1
37	广东	国家火炬计划茂名石化产业基地	41.9
38	江苏	国家火炬镇江沿江绿色化工特色产业基地	38.6
39	湖北	国家火炬襄阳汽车动力与部件特色产业基地	38.2
40	江苏	国家火炬如皋输变电装备特色产业基地	37.9
41	安徽	国家火炬太和医药高端制剂特色产业基地	36.9
42	黑龙江	国家火炬计划哈尔滨发电设备产业基地	35.7

续表

序号	所在地	特色产业基地名称	净利润（亿元）
43	浙江	国家火炬绍兴健康装备和医用新材料特色产业基地	35.7
44	江苏	国家火炬计划昆山电路板特色产业基地	35.0
45	山东	国家火炬诸城汽车及零部件特色产业基地	34.0
46	江苏	国家火炬计划宜兴电线电缆产业基地	33.1
47	江苏	国家火炬扬中电力电器特色产业基地	31.0
48	天津	国家火炬天津京津电子商务特色产业基地	30.7
49	浙江	国家火炬绍兴纺织特色产业基地	30.5
50	江苏	国家火炬徐州工程机械特色产业基地	30.4
51	江苏	国家火炬泰兴精细专用化学品特色产业基地	30.2
52	江苏	国家火炬吴江（盛泽）新兴纺织纤维及面料特色产业基地	30.1
53	河南	国家火炬濮阳生物化工特色产业基地	30.0
54	江苏	国家火炬泰州医药特色产业基地	30.0
55	江苏	国家火炬计划盐城汽车零部件及装备特色产业基地	30.0
56	辽宁	国家火炬计划盘锦石油装备制造特色产业基地	29.6
57	重庆	国家火炬计划重庆九龙轻合金特色产业基地	28.6
58	江苏	国家火炬姜堰汽车关键零部件特色产业基地	28.6
59	江苏	国家火炬锡山化工材料特色产业基地	28.6
60	浙江	国家火炬乐清智能电器特色产业基地	28.4
61	山东	国家火炬计划德州新能源特色产业基地	28.0

序号	所在地	特色产业基地名称	净利润（亿元）
62	江苏	国家火炬张家港精细化工特色产业基地	27.8
63	江苏	国家火炬常熟汽车零部件特色产业基地	27.1
64	江苏	国家火炬惠山特种冶金新材料特色产业基地	26.8
65	山东	国家火炬济宁纺织新材料特色产业基地	26.7
66	河南	国家火炬民权制冷设备特色产业基地	26.4
67	山东	国家火炬明水先进机械制造特色产业基地	26.4
68	山东	国家火炬计划潍坊电声器件特色产业基地	26.2
69	山东	国家火炬计划潍坊光电特色产业基地	26.1
70	宁波	国家火炬计划宁波鄞州汽车零部件特色产业基地	26.0
71	江苏	国家火炬张家港锂电特色产业基地	25.1
72	吉林	国家火炬梅河口现代中医药特色产业基地	24.2
73	江苏	国家火炬无锡新区汽车电子及部件特色产业基地	24.0
74	山东	国家火炬济南生物工程与新医药特色产业基地	23.9
75	江苏	国家火炬计划盐城环保装备特色产业基地	23.1
76	辽宁	国家火炬本溪中药科技特色产业基地	22.5
77	河南	国家火炬计划长垣起重机械产业基地	22.4
78	安徽	国家火炬无为特种电缆特色产业基地	22.4
79	山东	国家火炬寿光卤水综合利用特色产业基地	21.8
80	江苏	国家火炬昆山（张浦）精密机械特色产业基地	21.8
81	江苏	国家火炬计划海安建材机械装备特色产业基地	21.6

续表

序号	所在地	特色产业基地名称	净利润（亿元）
82	江苏	国家火炬如东生命安防用品特色产业基地	21.5
83	江苏	国家火炬金坛精细化学品特色产业基地	21.2
84	山东	国家火炬计划临沭复合肥产业基地	21.1
85	湖北	国家火炬武汉汽车电子特色产业基地	20.6
86	江苏	国家火炬镇江光电子与通信元器件特色产业基地	20.5
87	江苏	国家火炬计划江阴风电装备特色产业基地	20.5
88	浙江	国家火炬计划嘉兴汽车零部件特色产业基地	19.9
89	安徽	国家火炬计划滁州家电设计与制造特色产业基地	19.8
90	江苏	国家火炬海门化工和生物医药材料特色产业基地	19.7
91	宁波	国家火炬宁波鄞州新型金属材料特色产业基地	19.5
92	湖北	国家火炬葛店生物技术与新医药特色产业基地	19.3
93	广东	国家火炬汕头澄海智能玩具创意设计与制造特色产业基地	19.3
94	安徽	国家火炬计划芜湖节能环保汽车及零部件高新技术特色产业基地	19.1
95	浙江	国家火炬瑞安汽车关键零部件特色产业基地	18.6
96	天津	国家火炬武清新金属材料特色产业基地	18.6
97	江苏	国家火炬江阴高性能合金材料及制品特色产业基地	18.6
98	安徽	国家火炬博望高端数控机床及刃模具特色产业基地	18.1
99	江苏	国家火炬计划无锡轻型多功能电动车产业基地	18.0
100	江苏	国家火炬计划常州输变电设备产业基地	18.0

注：表中统计基础为 2015 年 384 家基地数据。

附表 17 特色产业基地 2015 年出口创汇前一百名

序号	所在地	特色产业基地名称	出口创汇额（亿美元）
1	广东	国家火炬惠州数码视听产业基地	259.5
2	江苏	国家火炬江阴高新区特钢新材料及其制品特色产业基地	105.2
3	广东	国家火炬计划中山日用电器特色产业基地	43.7
4	江苏	国家火炬泰州医药产业基地	32.0
5	江苏	国家火炬泰州新技术船舶特色产业基地	30.6
6	广东	国家火炬惠州 LED 特色产业基地	28.4
7	江苏	国家火炬如东生命安防用品特色产业基地	27.6
8	湖南	国家火炬浏阳生物医药产业基地	19.6
9	江苏	国家火炬南通化工新材料产业基地	19.5
10	江苏	国家火炬计划昆山电路板特色产业基地	19.0
11	宁波	国家火炬宁波慈溪智能家电特色产业基地	18.3
12	山东	国家火炬潍坊电声器件特色产业基地	18.0
13	江苏	国家火炬常熟汽车零部件特色产业基地	18.0
14	江苏	国家火炬兴化特种合金材料及制品产业基地	18.0
15	江苏	国家火炬苏州汽车零部件产业基地	17.9
16	浙江	国家火炬平湖光机电特色产业基地	16.9
17	江苏	国家火炬昆山（张浦）精密机械特色产业基地	16.5
18	广东	国家火炬江门半导体照明特色产业基地	15.4
19	山东	国家火炬威海高新区办公自动化设备特色产业基地	15.3
20	江苏	国家火炬常州轨道交通车辆及部件产业基地	15.0

续表

序号	所在地	特色产业基地名称	出口创汇额（亿美元）
21	江苏	国家火炬南京雨花现代通信软件特色产业基地	14.8
22	河北	国家火炬邯郸新材料产业基地	14.4
23	浙江	国家火炬绍兴健康装备和医用新材料特色产业基地	13.9
24	江苏	无锡新区汽车电子及部件产业基地	13.8
25	江苏	镇江特种船舶及海洋工程装备特色产业基地	13.8
26	江苏	国家火炬张家港精细化工产业基地	13.3
27	江苏	国家火炬吴江（盛泽）新兴纺织纤维及面料特色产业基地	13.0
28	浙江	国家火炬萧山高性能机电基础件产业基地	13.0
29	山东	国家火炬潍坊光电特色产业基地	13.0
30	浙江	国家火炬德清绿色复合新型建材特色产业基地	12.7
31	山东	国家火炬潍坊动力机械特色产业基地	12.6
32	江苏	国家火炬江宁智能电网特色产业基地	12.6
33	江苏	国家火炬嘉兴电子信息产业基地	12.6
34	安徽	国家火炬芜湖节能环保汽车及零部件高新技术产业基地	12.5
35	浙江	国家火炬嘉善新型电子元器件产业基地	12.1
36	上海	国家火炬上海张堰新材料深加工产业基地	11.9
37	厦门	国家火炬汕头光机电产业基地	11.4
38	山东	国家火炬潍坊滨海海洋化工特色产业基地	11.0
39	山东	国家火炬德州新能源特色产业基地	10.8
40	江苏	国家火炬泰州光伏与储能新能源特色产业基地	10.7

序号	所在地	特色产业基地名称	出口创汇额（亿美元）
41	湖南	国家火炬衡阳输变电装备产业基地	10.5
42	大连	国家火炬大连金州新区核电装备特色产业基地	10.4
43	河南	国家火炬焦作汽车零部件特色产业基地	10.1
44	江苏	国家火炬丹阳新材料产业基地	10.0
45	江苏	国家火炬泰兴精细与专用化学品产业基地	9.8
46	江苏	国家火炬江宁通信与网络特色产业基地	9.3
47	江苏	国家火炬常熟高分子材料产业基地	9.3
48	广东	国家火炬佛山自动化机械及设备产业基地	9.0
49	浙江	国家火炬龙泉汽车空调零部件特色产业基地	9.0
50	上海	国家火炬上海安亭汽车零部件产业基地	8.9
51	河北	国家火炬保定新能源与能源设备产业基地	8.8
52	江苏	国家火炬徐州工程机械产业基地	8.6
53	宁波	国家火炬宁波高新区绿色能源与照明特色产业基地	8.6
54	山东	国家火炬烟台汽车零部件产业基地	8.5
55	天津	国家火炬武清汽车零部件特色产业基地	8.2
56	广东	国家火炬江门新材料产业基地	8.2
57	浙江	国家火炬绍兴纺织装备特色产业基地	8.0
58	广东	国家火炬汕头澄海智能玩具创意设计与制造产业基地	7.8
59	广东	国家火炬广州高新区环保新材料产业基地	7.6
60	河北	国家火炬廊坊信息产业基地	7.6

续表

序号	所在地	特色产业基地名称	出口创汇额（亿美元）
61	浙江	国家火炬绍兴纺织产业基地	7.5
62	江苏	国家火炬镇江光电子与通信元器件产业基地	7.3
63	广东	国家火炬中山小榄金属制品产业基地	7.3
64	浙江	国家火炬东阳磁性材料产业基地	7.2
65	浙江	国家火炬嘉兴汽车零部件特色产业基地	7.1
66	江苏	国家火炬江阴物联网特色产业基地	7.0
67	山东	国家火炬东营石油装备特色产业基地	6.8
68	上海	国家火炬上海青浦新材料产业基地	6.8
69	山东	国家火炬寿光卤水综合利用特色产业基地	6.8
70	江苏	国家火炬常熟生物医药特色产业基地	6.7
71	江苏	国家火炬镇江沿江绿色化产业基地	6.6
72	江苏	国家火炬江阴高性能合金材料及制品产业基地	6.6
73	宁波	国家火炬宁波鄞州汽车零部件特色产业基地	6.5
74	湖北	国家火炬武汉汽车电子产业基地	6.4
75	江苏	国家火炬扬州汽车及零部件产业基地	6.4
76	天津	国家火炬天津武清新金属材料特色产业基地	6.4
77	浙江	国家火炬新昌医药产业基地	6.3
78	湖北	国家火炬武汉青山环保产业基地	6.2
79	江苏	国家火炬昆山高端装备制造产业基地	6.1
80	山东	国家火炬广饶盐化工特色产业基地	6.0

序号	所在地	特色产业基地名称	出口创汇额（亿美元）
81	浙江	国家火炬瑞安汽车关键零部件特色产业基地	6.0
82	江苏	国家火炬扬州智能电网产业基地	5.9
83	浙江	国家火炬德清县生物与医药特色产业基地	5.8
84	浙江	国家火炬桐乡新型纤维产业基地	5.7
85	山东	国家火炬单县光伏光热特色产业基地	5.6
86	广东	国家火炬江门纺织化纤产业基地	5.5
87	山东	国家火炬济宁工程机械产业基地	5.3
88	宁波	国家火炬宁波江北先进通用设备制造特色产业基地	5.3
89	江苏	国家火炬海门化工和生物医药材料特色产业基地	5.2
90	江苏	国家火炬武进特种材料产业基地	4.9
91	福建	国家火炬福安中小电机特色产业基地	4.9
92	江苏	国家火炬靖江微特电机及控制产业基地	4.9
93	浙江	国家火炬乐清智能电器产业基地	4.8
94	宁波	国家火炬宁波电子信息产业基地	4.8
95	江苏	国家火炬常熟电气机械产业基地	4.7
96	安徽	国家火炬宁国橡塑密封件特色产业基地	4.7
97	陕西	国家火炬宝鸡石油钻采装备制造特色产业基地	4.7
98	重庆	国家火炬重庆渝北汽车摩托车制造及现代服务特色产业基地	4.7
99	新疆	国家火炬克拉玛依石油石化特色产业基地	4.6
100	江苏	国家火炬如皋化工新材料特色产业基地	4.6

注：表中统计基础为 2015 年 384 家基地数据。

四、"十二五"数据

附表18 特色产业基地"十二五"总收入年均复合增长率前一百名

序号	所在地	特色产业基地名称	年均复合增长率（%）
1	山东	国家火炬寿光卤水综合利用特色产业基地	279.7
2	山东	国家火炬明水先进机械制造特色产业基地	168.6
3	江苏	国家火炬计划宜兴环保装备制造及服务特色产业基地	132.2
4	江苏	国家火炬计划南京雨花现代通信软件特色产业基地	131.4
5	江苏	国家火炬计划盐城汽车零部件及装备特色产业基地	128.5
6	江苏	国家火炬泰州光伏与储能新能源特色产业基地	121.2
7	新疆	国家火炬计划克拉玛依石油石化特色产业基地	120.8
8	江苏	国家火炬计划扬州智能电网特色产业基地	119.9
9	江苏	国家火炬昆山高端装备制造产业基地	118.5
10	河北	国家火炬唐山机器人特色产业基地	102.8
11	湖北	国家火炬计划武汉阳逻钢结构特色产业基地	99.8
12	山东	国家火炬计划潍坊动力机械特色产业基地	91.7
13	广东	国家火炬计划中山日用电器特色产业基地	91.5
14	山东	国家火炬烟台海洋生物与医药特色产业基地	88.8
15	江苏	国家火炬江都建材机械装备特色产业基地	86.6
16	安徽	国家火炬计划蚌埠精细化工特色产业基地	84.9

序号	所在地	特色产业基地名称	年均复合增长率（%）
17	辽宁	国家火炬计划盘锦石油装备制造特色产业基地	77.4
18	安徽	国家火炬计划合肥公共安全信息技术特色产业基地	77.3
19	浙江	国家火炬吴兴特种金属管道特色产业基地	77.3
20	山东	国家火炬计划东营石油装备特色产业基地	76.9
21	重庆	国家火炬计划重庆渝北汽车摩托车制造及现代服务特色产业基地	75.7
22	广东	国家火炬计划江门半导体照明特色产业基地	74.1
23	江苏	国家火炬江阴物联网特色产业基地	73.6
24	江苏	国家火炬启东节能环保装备及基础件特色产业基地	68.1
25	山东	国家火炬单县光伏光热特色产业基地	66.3
26	广东	国家火炬惠州智能视听特色产业基地	65.6
27	山东	国家火炬计划潍坊光电特色产业基地	65.4
28	安徽	国家火炬计划芜湖节能环保汽车及零部件高新技术特色产业基地	64.3
29	新疆	国家火炬计划乌鲁木齐米东石油化工和煤化工特色产业基地	63.9
30	广东	国家火炬计划广州高新区环保新材料产业基地	63.7
31	陕西	国家火炬计划西安航空特色产业基地	62.8
32	广东	国家火炬计划广州花都汽车及零部件产业基地	61.8
33	上海	国家火炬计划上海安亭汽车零部件产业基地	61.4
34	江苏	国家火炬计划常州湖塘新型色织面料特色产业基地	59.2
35	江苏	国家火炬计划宜兴电线电缆产业基地	58.5
36	重庆	国家火炬计划重庆九龙轻合金特色产业基地	58.0

续表

序号	所在地	特色产业基地名称	年均复合增长率（%）
37	辽宁	国家火炬辽宁换热设备特色产业基地	57.9
38	浙江	国家火炬计划绍兴纺织装备特色产业基地	56.6
39	浙江	国家火炬计划衢州空气动力机械特色产业基地	55.2
40	江苏	国家火炬扬州汽车及零部件特色产业基地	54.2
41	黑龙江	国家火炬计划大庆市宏伟石化产业基地	52.9
42	江苏	国家火炬计划建湖石油装备特色产业基地	52.8
43	河北	国家火炬廊坊大数据特色产业基地	52.5
44	甘肃	国家火炬计划白银有色金属新材料及制品产业基地	49.9
45	江苏	国家火炬计划常州输变电设备产业基地	49.6
46	河北	国家火炬张家口新能源装备特色产业基地	48.6
47	安徽	国家火炬计划滁州家电设计与制造特色产业基地	48.2
48	江苏	国家火炬兴化特种合金材料及制品特色产业基地	46.8
49	江苏	国家火炬计划扬州绿色新能源特色产业基地	46.5
50	宁波	国家火炬计划宁波慈溪智能家电特色产业基地	45.0
51	江苏	国家火炬张家港锂电特色产业基地	44.4
52	江苏	国家火炬计划无锡滨湖高效节能装备特色产业基地	43.7
53	江苏	国家火炬常熟电气机械特色产业基地	43.3
54	山东	国家火炬计划威海高新区办公自动化设备特色产业基地	42.8
55	广东	国家火炬计划茂名石化产业基地	42.5
56	浙江	国家火炬平湖光机电特色产业基地	41.8

序号	所在地	特色产业基地名称	年均复合增长率（%）
57	河南	国家火炬计划焦作汽车零部件特色产业基地	41.1
58	辽宁	国家火炬计划朝阳新能源电器特色产业基地	39.6
59	江苏	国家火炬计划镇江特种船舶及海洋工程装备特色产业基地	37.3
60	江苏	国家火炬计划昆山电路板特色产业基地	36.5
61	上海	国家火炬计划环同济研发设计服务特色产业基地	36.2
62	江苏	国家火炬无锡新区汽车电子及部件特色产业基地	35.9
63	辽宁	国家火炬计划阜新液压装备特色产业基地	35.7
64	浙江	国家火炬计划秀洲新能源特色产业基地	35.5
65	江苏	国家火炬计划江阴风电装备特色产业基地	35.2
66	山东	国家火炬计划潍坊电声器件特色产业基地	34.0
67	陕西	国家火炬计划宝鸡钛产业基地	33.8
68	江苏	国家火炬计划盐城环保装备特色产业基地	32.3
69	江苏	国家火炬泰州医药特色产业基地	32.2
70	江苏	国家火炬苏州汽车零部件特色产业基地	31.3
71	安徽	国家火炬无为特种电缆特色产业基地	31.0
72	山东	国家火炬济宁纺织新材料特色产业基地	30.8
73	宁波	国家火炬计划宁波高新区绿色能源与照明特色产业基地	30.1
74	浙江	国家火炬计划浙江衢州氟硅新材料产业基地	29.5
75	浙江	国家火炬萧山高性能机电基础件特色产业基地	29.4
76	山东	国家火炬计划明水重型汽车先进制造特色产业基地	29.4

续表

序号	所在地	特色产业基地名称	年均复合增长率（%）
77	江苏	国家火炬泰州新技术船舶特色产业基地	29.1
78	山东	国家火炬计划广饶子午胎特色产业基地	28.0
79	江苏	国家火炬计划无锡轻型多功能电动车产业基地	28.0
80	辽宁	国家火炬计划鞍山柔性输配电及冶金自动化装备产业基地	27.9
81	湖北	国家火炬计划武汉江夏装备制造特色产业基地	27.9
82	江苏	国家火炬徐州工程机械特色产业基地	27.6
83	宁波	国家火炬计划宁波鄞州汽车零部件特色产业基地	27.0
84	江苏	国家火炬计划海安建材机械装备特色产业基地	26.4
85	河南	国家火炬计划长垣起重机械产业基地	26.3
86	广东	国家火炬计划东莞市长安模具产业基地	26.2
87	河南	国家火炬开封空分设备特色产业基地	26.2
88	宁波	国家火炬计划宁波余姚塑料模具特色产业基地	25.6
89	湖北	国家火炬襄阳汽车动力与部件特色产业基地	25.2
90	陕西	国家火炬计划宝鸡石油钻采装备制造特色产业基地	25.2
91	江苏	国家火炬计划徐州经济开发区新能源特色产业基地	23.8
92	陕西	国家火炬计划西安高新区生物医药产业基地	23.8
93	山东	国家火炬计划德州新能源特色产业基地	23.7
94	安徽	国家火炬计划亳州中药特色产业基地	23.7
95	山东	国家火炬计划临沭复合肥产业基地	23.2
96	江西	国家火炬计划景德镇陶瓷新材料及制品产业基地	23.2

序号	所在地	特色产业基地名称	年均复合增长率（%）
97	浙江	国家火炬计划嘉兴汽车零部件特色产业基地	23.0
98	江苏	国家火炬惠山特种冶金新材料特色产业基地	22.7
99	山东	国家火炬计划广饶盐化工特色产业基地	22.3
100	广东	国家火炬佛山自动化机械及设备特色产业基地	22.3

注：表中统计基础为 2011~2015 年可比数据（275 家基地）。

附表 19　特色产业基地"十二五"工业总产值年均复合增长率前一百名

序号	所在地	特色产业基地名称	年均复合增长率（%）
1	重庆	国家火炬计划重庆渝北汽车摩托车制造及现代服务特色产业基地	111.5
2	浙江	国家火炬计划浙江衢州氟硅新材料产业基地	90.6
3	广东	国家火炬佛山自动化机械及设备特色产业基地	89.4
4	山东	国家火炬济南生物工程与新医药特色产业基地	79.5
5	江苏	国家火炬计划无锡滨湖高效节能装备特色产业基地	78.5
6	天津	国家火炬计划西青信息安全特色产业基地	76.4
7	黑龙江	国家火炬计划大庆市宏伟石化产业基地	70.3
8	江苏	国家火炬计划昆山可再生能源特色产业基地	66.0
9	河北	国家火炬廊坊大数据特色产业基地	55.3
10	福建	国家火炬计划泉州电子信息特色产业基地	52.9
11	山东	国家火炬鲁北海洋科技特色产业基地	51.9
12	江苏	国家火炬张家港锂电特色产业基地	45.5

序号	所在地	特色产业基地名称	年均复合增长率（%）
13	河南	国家火炬计划长垣起重机械产业基地	43.3
14	浙江	国家火炬兰溪天然药物特色产业基地	38.2
15	湖南	国家火炬浏阳生物医药特色产业基地	35.7
16	湖南	国家火炬计划株洲硬质合金产业基地	35.6
17	河北	国家火炬计划安国现代中药产业基地	34.7
18	广东	国家火炬顺德家用电器特色产业基地	34.7
19	山东	国家火炬计划潍坊光电特色产业基地	33.7
20	浙江	国家火炬计划衢州空气动力机械特色产业基地	32.9
21	湖北	国家火炬武汉青山环保特色产业基地	30.0
22	湖北	国家火炬应城精细化工新材料特色产业基地	29.4
23	江苏	国家火炬昆山高端装备制造产业基地	28.8
24	江苏	国家火炬计划无锡轻型多功能电动车产业基地	28.3
25	江苏	国家火炬江阴物联网特色产业基地	27.5
26	江苏	国家火炬南京浦口生物医药特色产业基地	26.7
27	山东	国家火炬计划潍坊电声器件特色产业基地	26.4
28	江苏	国家火炬张家港精细化工特色产业基地	25.9
29	江苏	国家火炬计划惠山风电关键零部件特色产业基地	24.9
30	湖北	国家火炬襄阳节能电机与控制设备特色产业基地	24.8
31	湖北	国家火炬计划武汉阳逻钢结构特色产业基地	24.3
32	山东	国家火炬禹城功能糖特色产业基地	23.5

序号	所在地	特色产业基地名称	年均复合增长率（%）
33	河北	国家火炬邯郸新型功能材料特色产业基地	23.3
34	江苏	国家火炬苏州高新区医疗器械特色产业基地	22.9
35	山东	国家火炬寿光卤水综合利用特色产业基地	22.8
36	山东	国家火炬济宁纺织新材料特色产业基地	22.5
37	安徽	国家火炬计划亳州中药特色产业基地	21.9
38	浙江	国家火炬计划嘉兴汽车零部件特色产业基地	21.3
39	广东	国家火炬计划中山电梯特色产业基地	20.5
40	江苏	国家火炬江都建材机械装备特色产业基地	20.0
41	吉林	国家火炬敦化中药特色产业基地	20.0
42	宁夏	国家火炬计划灵武羊绒产业基地	19.8
43	江苏	国家火炬扬州汽车及零部件特色产业基地	19.5
44	广东	国家火炬中山（临海）船舶制造与海洋工程特色产业基地	19.5
45	陕西	国家火炬计划西安航空特色产业基地	19.4
46	江苏	国家火炬江宁智能电网特色产业基地	19.3
47	江苏	国家火炬计划盐城汽车零部件及装备特色产业基地	18.9
48	广东	国家火炬计划江门半导体照明特色产业基地	18.5
49	上海	国家火炬计划上海安亭汽车零部件产业基地	18.1
50	江苏	国家火炬丹阳高性能合金材料特色产业基地	17.9
51	湖北	国家火炬谷城节能与环保特色产业基地	17.8
52	江苏	国家火炬启东节能环保装备及基础件特色产业基地	17.1

序号	所在地	特色产业基地名称	年均复合增长率（%）
53	江苏	国家火炬东海硅材料特色产业基地	17.1
54	江苏	国家火炬常州轨道交通车辆及部件特色产业基地	16.1
55	江苏	国家火炬兴化特种合金材料及制品特色产业基地	16.1
56	河南	国家火炬濮阳生物化工特色产业基地	16.0
57	山东	国家火炬招远电子基础材料特色产业基地	15.9
58	江苏	国家火炬计划江宁可再生能源特色产业基地	15.7
59	湖南	国家火炬湘潭新能源装备特色产业基地	15.7
60	浙江	国家火炬乐清智能电器特色产业基地	15.7
61	湖北	国家火炬计划武汉江夏装备制造特色产业基地	15.6
62	江苏	国家火炬无锡新区汽车电子及部件特色产业基地	15.6
63	陕西	国家火炬计划西安高新区生物医药产业基地	15.1
64	浙江	国家火炬平湖光机电特色产业基地	14.9
65	浙江	国家火炬绍兴纺织特色产业基地	14.9
66	辽宁	国家火炬计划盘锦石油装备制造特色产业基地	14.5
67	重庆	国家火炬计划重庆九龙轻合金特色产业基地	14.5
68	江苏	国家火炬通州电子元器件及材料特色产业基地	14.4
69	浙江	国家火炬嘉善新型电子元器件特色产业基地	14.2
70	安徽	国家火炬计划合肥公共安全信息技术特色产业基地	14.2
71	江西	国家火炬计划景德镇陶瓷新材料及制品产业基地	14.2
72	山东	国家火炬明水先进机械制造特色产业基地	14.1

序号	所在地	特色产业基地名称	年均复合增长率（%）
73	安徽	国家火炬计划滁州家电设计与制造特色产业基地	13.9
74	广东	国家火炬佛山电子新材料特色产业基地	13.9
75	江苏	国家火炬计划建湖石油装备特色产业基地	13.9
76	江苏	国家火炬泰州医药特色产业基地	13.8
77	江苏	国家火炬计划宜兴环保装备制造及服务特色产业基地	13.8
78	江苏	国家火炬计划盐城环保装备特色产业基地	13.7
79	江苏	国家火炬计划金湖石油机械特色产业基地	13.7
80	江苏	国家火炬姜堰汽车关键零部件特色产业基地	13.4
81	厦门	国家火炬厦门海沧区生物与新医药特色产业基地	13.4
82	江苏	国家火炬连云港化学创新药和现代中药特色产业基地	13.3
83	湖北	国家火炬十堰汽车关键零部件特色产业基地	13.2
84	浙江	国家火炬计划德清县生物与医药特色产业基地	13.1
85	浙江	国家火炬吴兴特种金属管道特色产业基地	13.1
86	广东	国家火炬计划东莞市长安模具产业基地	12.9
87	江苏	国家火炬计划江阴风电装备特色产业基地	12.7
88	江苏	国家火炬泰兴精细专用化学品特色产业基地	12.3
89	湖北	国家火炬葛店生物技术与新医药特色产业基地	11.9
90	广东	国家火炬惠州智能视听特色产业基地	11.9
91	江苏	国家火炬靖江微特电机及控制特色产业基地	11.7
92	上海	国家火炬上海南汇医疗器械特色产业基地	11.6

续表

序号	所在地	特色产业基地名称	年均复合增长率（%）
93	山东	国家火炬计划烟台汽车零部件产业基地	11.5
94	安徽	国家火炬铜陵电子材料特色产业基地	11.4
95	河南	国家火炬开封空分设备特色产业基地	11.3
96	江苏	国家火炬扬中电力电器特色产业基地	11.3
97	陕西	国家火炬计划宝鸡钛产业基地	11.2
98	浙江	国家火炬富阳光通信特色产业基地	11.1
99	河南	国家火炬计划新乡生物医药特色产业基地	10.9
100	陕西	国家火炬计划宝鸡重型汽车及零部件特色产业基地	10.9

注：表中统计基础为2011～2015年可比数据（275家基地）。

附表20　特色产业基地"十二五"上缴税额年均复合增长率前一百名

序号	所在地	特色产业基地名称	年均复合增长率（%）
1	江苏	国家火炬计划无锡滨湖高效节能装备特色产业基地	364.5
2	黑龙江	国家火炬计划大庆市宏伟石化产业基地	287.7
3	新疆	国家火炬计划乌鲁木齐米东石油化工和煤化工特色产业基地	279.0
4	新疆	国家火炬计划克拉玛依石油石化特色产业基地	192.6
5	山东	国家火炬明水先进机械制造特色产业基地	184.7
6	江苏	国家火炬昆山高端装备制造产业基地	169.6
7	江苏	国家火炬泰州光伏与储能新能源特色产业基地	151.7
8	江苏	国家火炬计划南京雨花现代通信软件特色产业基地	140.3

序号	所在地	特色产业基地名称	年均复合增长率（%）
9	江苏	国家火炬计划宜兴电线电缆产业基地	135.1
10	山东	国家火炬计划东营石油装备特色产业基地	127.4
11	山东	国家火炬烟台海洋生物与医药特色产业基地	127.3
12	山东	国家火炬寿光卤水综合利用特色产业基地	125.8
13	河北	国家火炬廊坊大数据特色产业基地	125.6
14	江苏	国家火炬计划建湖石油装备特色产业基地	122.1
15	陕西	国家火炬计划西安航空特色产业基地	115.6
16	江苏	国家火炬计划盐城汽车零部件及装备特色产业基地	114.3
17	江苏	国家火炬计划常州输变电设备产业基地	103.8
18	湖北	国家火炬计划武汉阳逻钢结构特色产业基地	103.6
19	江苏	国家火炬计划扬州智能电网特色产业基地	102.1
20	吉林	国家火炬通化中药特色产业基地	100.9
21	江苏	国家火炬泰州医药特色产业基地	100.1
22	江苏	国家火炬常熟电气机械特色产业基地	99.2
23	宁波	国家火炬计划宁波余姚塑料模具特色产业基地	96.2
24	广东	国家火炬惠州智能视听特色产业基地	94.6
25	山东	国家火炬计划济南太阳能特色产业基地	93.5
26	山东	国家火炬计划潍坊动力机械特色产业基地	91.3
27	安徽	国家火炬计划合肥公共安全信息技术特色产业基地	89.0
28	安徽	国家火炬计划蚌埠精细化工特色产业基地	87.2

序号	所在地	特色产业基地名称	年均复合增长率（%）
29	广东	国家火炬计划茂名石化产业基地	85.0
30	江苏	国家火炬计划宜兴环保装备制造及服务特色产业基地	81.5
31	山东	国家火炬计划淄博博山泵类产业基地	81.3
32	安徽	国家火炬无为特种电缆特色产业基地	79.8
33	上海	国家火炬计划上海安亭汽车零部件产业基地	78.8
34	广东	国家火炬计划广州花都汽车及零部件产业基地	78.2
35	辽宁	国家火炬计划朝阳新能源电器特色产业基地	77.6
36	广东	国家火炬计划中山日用电器特色产业基地	74.7
37	江苏	国家火炬江宁智能电网特色产业基地	73.6
38	河南	国家火炬计划焦作汽车零部件特色产业基地	71.8
39	山东	国家火炬计划广饶子午胎特色产业基地	71.6
40	重庆	国家火炬计划重庆九龙轻合金特色产业基地	70.4
41	陕西	国家火炬计划西安高新区生物医药产业基地	69.3
42	山东	国家火炬计划淄博功能玻璃特色产业基地	67.4
43	江苏	国家火炬启东节能环保装备及基础件特色产业基地	65.1
44	江苏	国家火炬计划昆山电路板特色产业基地	62.9
45	浙江	国家火炬计划衢州空气动力机械特色产业基地	62.5
46	宁波	国家火炬计划宁波慈溪智能家电特色产业基地	62.2
47	厦门	国家火炬计划厦门电力电器产业基地	60.2
48	河北	国家火炬张家口新能源装备特色产业基地	59.6

序号	所在地	特色产业基地名称	年均复合增长率（%）
49	浙江	国家火炬吴兴特种金属管道特色产业基地	59.2
50	山东	国家火炬计划威海高新区办公自动化设备特色产业基地	58.6
51	江苏	国家火炬江阴物联网特色产业基地	58.3
52	江苏	国家火炬扬州汽车及零部件特色产业基地	58.3
53	浙江	国家火炬计划浙江衢州氟硅新材料产业基地	55.7
54	湖北	国家火炬武汉青山环保特色产业基地	53.7
55	江苏	国家火炬丹阳高性能合金材料特色产业基地	53.1
56	浙江	国家火炬新昌化学药和中成药特色产业基地	53.1
57	浙江	国家火炬计划德清县生物与医药特色产业基地	53.0
58	浙江	国家火炬嘉兴电子信息特色产业基地	52.8
59	山东	国家火炬计划临朐磁电装备特色产业基地	51.9
60	宁波	国家火炬计划宁波鄞州汽车零部件特色产业基地	47.2
61	辽宁	国家火炬计划阜新液压装备特色产业基地	47.1
62	安徽	国家火炬计划滁州家电设计与制造特色产业基地	46.8
63	浙江	国家火炬计划秀洲新能源特色产业基地	46.5
64	浙江	国家火炬永嘉系统流程泵阀特色产业基地	46.4
65	江苏	国家火炬启东生物医药特色产业基地	44.3
66	辽宁	国家火炬计划辽宁（万家）数字技术特色产业基地	44.0
67	安徽	国家火炬计划芜湖节能环保汽车及零部件高新技术特色产业基地	43.8
68	山东	国家火炬济宁纺织新材料特色产业基地	43.8

序号	所在地	特色产业基地名称	年均复合增长率（%）
69	江苏	国家火炬无锡新区汽车电子及部件特色产业基地	42.3
70	浙江	国家火炬临安电线电缆特色产业基地	40.9
71	江苏	国家火炬泰兴精细专用化学品特色产业基地	40.1
72	广东	国家火炬计划广州高新区环保新材料产业基地	39.0
73	山东	国家火炬计划章丘有机高分子材料产业基地	38.7
74	山东	国家火炬济南生物工程与新医药特色产业基地	38.1
75	山东	国家火炬计划潍坊光电特色产业基地	35.8
76	河南	国家火炬开封空分设备特色产业基地	35.7
77	江西	国家火炬计划景德镇陶瓷新材料及制品产业基地	32.2
78	浙江	国家火炬计划绍兴纺织装备特色产业基地	32.0
79	浙江	国家火炬计划嘉兴汽车零部件特色产业基地	31.6
80	江苏	国家火炬计划徐州经济开发区新能源特色产业基地	30.9
81	江苏	国家火炬常州轨道交通车辆及部件特色产业基地	30.6
82	江苏	国家火炬宜兴无机非金属材料特色产业基地	30.5
83	江苏	国家火炬苏州汽车零部件特色产业基地	30.1
84	福建	国家火炬计划建瓯笋竹科技特色产业基地	28.2
85	江苏	国家火炬兴化特种合金材料及制品特色产业基地	27.9
86	山东	国家火炬计划明水重型汽车先进制造特色产业基地	27.7
87	重庆	国家火炬计划重庆渝北汽车摩托车制造及现代服务特色产业基地	27.5
88	江苏	国家火炬计划常州湖塘新型色织面料特色产业基地	27.1

序号	所在地	特色产业基地名称	年均复合增长率（%）
89	山东	国家火炬计划潍坊电声器件特色产业基地	26.4
90	江苏	国家火炬徐州工程机械特色产业基地	26.2
91	广东	国家火炬鹤山金属材料特色产业基地	25.3
92	江苏	国家火炬南通化工新材料特色产业基地	25.2
93	江苏	国家火炬扬中电力电器特色产业基地	24.6
94	陕西	国家火炬计划宝鸡石油钻采装备制造特色产业基地	24.3
95	广东	国家火炬计划东莞市虎门服装设计与制造产业基地	24.3
96	山东	国家火炬计划沂水功能性生物糖特色产业基地	24.2
97	甘肃	国家火炬计划白银有色金属新材料及制品产业基地	23.1
98	山东	国家火炬计划德州新能源特色产业基地	22.7
99	江苏	国家火炬苏州高新区医疗器械特色产业基地	18.9
100	江苏	国家火炬计划江阴风电装备特色产业基地	18.9

注：表中统计基础为 2011～2015 年可比数据（275 家基地）。

附表21 特色产业基地"十二五"净利润年均复合增长率前一百名

序号	所在地	特色产业基地名称	年均复合增长率（%）
1	江苏	国家火炬计划南京雨花现代通信软件特色产业基地	372.9
2	新疆	国家火炬计划克拉玛依石油石化特色产业基地	230.6
3	江苏	国家火炬计划无锡滨湖高效节能装备特色产业基地	207.6
4	山东	国家火炬计划威海高新区办公自动化设备特色产业基地	207.5

续表

序号	所在地	特色产业基地名称	年均复合增长率（%）
5	山东	国家火炬寿光卤水综合利用特色产业基地	195.7
6	黑龙江	国家火炬计划大庆市宏伟石化产业基地	194.6
7	山东	国家火炬明水先进机械制造特色产业基地	147.2
8	江苏	国家火炬扬州汽车及零部件特色产业基地	144.7
9	河北	国家火炬唐山机器人特色产业基地	144.0
10	山东	国家火炬计划潍坊动力机械特色产业基地	120.9
11	山东	国家火炬单县光伏光热特色产业基地	119.3
12	江苏	国家火炬计划宜兴环保装备制造及服务特色产业基地	113.7
13	广东	国家火炬惠州智能视听特色产业基地	112.1
14	安徽	国家火炬无为特种电缆特色产业基地	102.2
15	吉林	国家火炬通化中药特色产业基地	98.3
16	江苏	国家火炬泰州光伏与储能新能源特色产业基地	95.5
17	安徽	国家火炬计划合肥公共安全信息技术特色产业基地	93.3
18	山东	国家火炬计划东营石油装备特色产业基地	92.8
19	山东	国家火炬淄博生物医药特色产业基地	92.5
20	山东	国家火炬烟台海洋生物与医药特色产业基地	92.0
21	江苏	国家火炬启东节能环保装备及基础件特色产业基地	90.9
22	江苏	国家火炬计划惠山风电关键零部件特色产业基地	88.4
23	广东	国家火炬计划广州花都汽车及零部件产业基地	87.8

序号	所在地	特色产业基地名称	年均复合增长率（%）
24	广东	国家火炬计划中山日用电器特色产业基地	87.7
25	江苏	国家火炬计划盐城汽车零部件及装备特色产业基地	86.2
26	山东	国家火炬鲁北海洋科技特色产业基地	82.5
27	江苏	国家火炬常熟电气机械特色产业基地	81.3
28	上海	国家火炬计划上海安亭汽车零部件产业基地	77.1
29	浙江	国家火炬计划嘉兴汽车零部件特色产业基地	75.0
30	辽宁	国家火炬辽宁换热设备特色产业基地	72.8
31	湖北	国家火炬武汉青山环保特色产业基地	72.6
32	江苏	国家火炬泰州医药特色产业基地	71.1
33	山东	国家火炬济南生物工程与新医药特色产业基地	69.7
34	江苏	国家火炬计划扬州智能电网特色产业基地	67.6
35	河北	国家火炬廊坊大数据特色产业基地	66.2
36	江苏	国家火炬计划常州输变电设备产业基地	66.0
37	江苏	国家火炬江宁智能电网特色产业基地	64.7
38	安徽	国家火炬计划安庆汽车零部件高新技术特色产业基地	61.7
39	山东	国家火炬计划广饶子午胎特色产业基地	61.1
40	江苏	国家火炬计划江阴风电装备特色产业基地	56.9
41	江苏	国家火炬江阴物联网特色产业基地	56.9
42	江苏	国家火炬泰兴精细专用化学品特色产业基地	55.2

续表

序号	所在地	特色产业基地名称	年均复合增长率（%）
43	山东	国家火炬计划潍坊光电特色产业基地	54.5
44	浙江	国家火炬平湖光机电特色产业基地	52.3
45	江苏	国家火炬计划镇江特种船舶及海洋工程装备特色产业基地	51.9
46	厦门	国家火炬计划厦门电力电器产业基地	49.6
47	浙江	国家火炬计划秀洲新能源特色产业基地	49.2
48	重庆	国家火炬计划重庆九龙轻合金特色产业基地	47.5
49	江苏	国家火炬计划扬州绿色新能源特色产业基地	47.3
50	江苏	国家火炬张家港锂电特色产业基地	46.4
51	河北	国家火炬邯郸新型功能材料特色产业基地	44.8
52	广东	国家火炬计划茂名石化产业基地	44.7
53	山东	国家火炬济宁纺织新材料特色产业基地	44.2
54	山东	国家火炬计划潍坊电声器件特色产业基地	43.9
55	山东	国家火炬计划章丘有机高分子材料产业基地	43.3
56	江苏	国家火炬计划宜兴电线电缆产业基地	43.3
57	浙江	国家火炬吴兴特种金属管道特色产业基地	43.2
58	浙江	国家火炬计划德清县生物与医药特色产业基地	42.7
59	河南	国家火炬计划新乡生物医药特色产业基地	42.5
60	辽宁	国家火炬计划盘锦石油装备制造特色产业基地	42.4
61	黑龙江	国家火炬计划哈尔滨发电设备产业基地	41.8

序号	所在地	特色产业基地名称	年均复合增长率（%）
62	浙江	国家火炬永嘉系统流程泵阀特色产业基地	40.4
63	江苏	国家火炬计划昆山电路板特色产业基地	37.7
64	安徽	国家火炬计划滁州家电设计与制造特色产业基地	37.1
65	宁波	国家火炬计划宁波余姚塑料模具特色产业基地	36.9
66	江苏	国家火炬计划江宁可再生能源特色产业基地	35.8
67	浙江	国家火炬计划绍兴纺织装备特色产业基地	35.0
68	江苏	国家火炬丹阳高性能合金材料特色产业基地	33.4
69	福建	国家火炬计划建瓯笋竹科技特色产业基地	32.6
70	山东	国家火炬计划临沭复合肥产业基地	32.2
71	北京	国家火炬计划大兴节能环保特色产业基地	31.4
72	安徽	国家火炬计划芜湖节能环保汽车及零部件高新技术特色产业基地	30.4
73	江苏	国家火炬启东生物医药特色产业基地	30.3
74	上海	国家火炬计划上海奉贤输配电产业基地	28.9
75	河南	国家火炬计划焦作汽车零部件特色产业基地	28.3
76	江苏	国家火炬计划海安建材机械装备特色产业基地	26.9
77	上海	国家火炬上海南汇医疗器械特色产业基地	26.4
78	江苏	国家火炬无锡新区汽车电子及部件特色产业基地	25.5
79	辽宁	国家火炬计划阜新液压装备特色产业基地	24.3
80	江苏	国家火炬徐州工程机械特色产业基地	24.2
81	陕西	国家火炬计划西安航空特色产业基地	24.1

序号	所在地	特色产业基地名称	年均复合增长率（%）
82	辽宁	国家火炬计划辽宁（万家）数字技术特色产业基地	24.0
83	重庆	国家火炬计划重庆渝北汽车摩托车制造及现代服务特色产业基地	24.0
84	广东	国家火炬佛山自动化机械及设备特色产业基地	23.1
85	上海	国家火炬计划上海枫泾新能源特色产业基地	22.7
86	湖北	国家火炬襄阳汽车动力与部件特色产业基地	22.2
87	江苏	国家火炬苏州汽车零部件特色产业基地	22.0
88	江苏	国家火炬常熟高分子材料特色产业基地	21.9
89	江苏	国家火炬计划建湖石油装备特色产业基地	21.3
90	江苏	国家火炬计划常州湖塘新型色织面料特色产业基地	20.7
91	宁波	国家火炬计划宁波鄞州汽车零部件特色产业基地	20.6
92	浙江	国家火炬新昌化学药和中成药特色产业基地	20.6
93	山东	国家火炬计划济南太阳能特色产业基地	20.3
94	上海	国家火炬计划环同济研发设计服务特色产业基地	20.2
95	广东	国家火炬汕头澄海智能玩具创意设计与制造特色产业基地	19.0
96	浙江	国家火炬绍兴纺织特色产业基地	18.5
97	江苏	国家火炬扬中电力电器特色产业基地	17.3
98	江苏	国家火炬计划盐城环保装备特色产业基地	17.2
99	山东	国家火炬计划德州新能源特色产业基地	16.5
100	江苏	国家火炬镇江沿江绿色化工特色产业基地	16.1

注：表中统计基础为 2011~2015 年可比数据（275 家基地）。

附表 22　特色产业基地"十二五"出口创汇额年均复合增长率前一百名

序号	所在地	特色产业基地名称	年均复合增长率（%）
1	江苏	国家火炬江阴物联网特色产业基地	165.9
2	山东	国家火炬计划德州新能源特色产业基地	153.0
3	上海	国家火炬上海张堰新材料深加工特色产业基地	149.6
4	江苏	国家火炬计划昆山可再生能源特色产业基地	133.0
5	河南	国家火炬濮阳生物化工特色产业基地	126.8
6	山东	国家火炬计划潍坊光电特色产业基地	124.6
7	河北	国家火炬邯郸新型功能材料特色产业基地	114.2
8	天津	国家火炬计划西青信息安全特色产业基地	112.2
9	江苏	国家火炬计划无锡滨湖高效节能装备特色产业基地	91.1
10	湖北	国家火炬谷城节能与环保特色产业基地	88.7
11	江苏	国家火炬计划南京雨花现代通信软件特色产业基地	88.5
12	山东	国家火炬计划济宁光电特色产业基地	79.7
13	山东	国家火炬寿光卤水综合利用特色产业基地	76.2
14	安徽	国家火炬计划芜湖节能环保汽车及零部件高新技术特色产业基地	73.5
15	广东	国家火炬中山（临海）船舶制造与海洋工程特色产业基地	71.3
16	浙江	国家火炬计划衢州空气动力机械特色产业基地	63.4
17	河南	国家火炬计划长垣起重机械产业基地	61.3
18	上海	国家火炬计划上海青浦新材料产业基地	59.6
19	江苏	国家火炬吴江光电缆特色产业基地	51.5
20	江苏	国家火炬张家港精细化工特色产业基地	51.3

序号	所在地	特色产业基地名称	年均复合增长率（%）
21	贵州	国家火炬计划遵义航天军转民（装备制造）产业基地	50.0
22	辽宁	国家火炬计划锦州硅材料及太阳能电池产业基地	46.7
23	陕西	国家火炬计划西安高新区生物医药产业基地	45.7
24	山东	国家火炬济南生物工程与新医药特色产业基地	43.5
25	江苏	国家火炬计划宜兴环保装备制造及服务特色产业基地	42.9
26	山东	国家火炬鲁北海洋科技特色产业基地	36.7
27	山东	国家火炬禹城功能糖特色产业基地	35.1
28	广东	国家火炬佛山自动化机械及设备特色产业基地	34.7
29	湖南	国家火炬浏阳生物医药特色产业基地	34.4
30	江苏	国家火炬张家港锂电特色产业基地	33.7
31	湖北	国家火炬武汉汽车电子特色产业基地	32.9
32	江苏	国家火炬江宁智能电网特色产业基地	32.4
33	湖北	国家火炬十堰汽车关键零部件特色产业基地	31.9
34	山东	国家火炬计划潍坊电声器件特色产业基地	31.5
35	浙江	国家火炬东阳磁性材料特色产业基地	29.1
36	上海	国家火炬计划上海枫泾新能源特色产业基地	27.9
37	江苏	国家火炬计划无锡轻型多功能电动车产业基地	27.5
38	江苏	国家火炬兴化特种合金材料及制品特色产业基地	26.5
39	江苏	国家火炬昆山高端装备制造产业基地	26.4
40	浙江	国家火炬乐清智能电器特色产业基地	25.6

序号	所在地	特色产业基地名称	年均复合增长率（%）
41	江苏	国家火炬泰州新技术船舶特色产业基地	24.9
42	陕西	国家火炬计划宝鸡石油钻采装备制造特色产业基地	23.3
43	江苏	国家火炬启东节能环保装备及基础件特色产业基地	22.9
44	湖北	国家火炬计划武汉江夏装备制造特色产业基地	22.1
45	江苏	国家火炬苏州高新区医疗器械特色产业基地	21.2
46	浙江	国家火炬吴兴特种金属管道特色产业基地	21.0
47	浙江	国家火炬计划浙江仙居甾体药物特色产业基地	20.8
48	浙江	国家火炬平湖光机电特色产业基地	20.6
49	江苏	国家火炬常熟电气机械特色产业基地	19.7
50	江苏	国家火炬扬州汽车及零部件特色产业基地	18.3
51	吉林	国家火炬通化中药特色产业基地	17.9
52	江苏	国家火炬通州电子元器件及材料特色产业基地	17.8
53	江苏	国家火炬常州轨道交通车辆及部件特色产业基地	17.1
54	江苏	国家火炬金坛精细化学品特色产业基地	16.8
55	江苏	国家火炬姜堰汽车关键零部件特色产业基地	16.6
56	新疆	国家火炬计划克拉玛依石油石化特色产业基地	16.6
57	福建	国家火炬计划建瓯笋竹科技特色产业基地	16.6
58	安徽	国家火炬计划亳州中药特色产业基地	16.4
59	广东	国家火炬计划中山日用电器特色产业基地	15.8
60	山东	国家火炬明水先进机械制造特色产业基地	14.9

序号	所在地	特色产业基地名称	年均复合增长率（%）
61	广东	国家火炬计划中山市古镇照明器材设计与制造产业基地	14.6
62	江苏	国家火炬丹阳高性能合金材料特色产业基地	14.5
63	宁夏	国家火炬计划灵武羊绒产业基地	14.2
64	江苏	国家火炬无锡新区汽车电子及部件特色产业基地	13.8
65	江苏	国家火炬南京化工新材料特色产业基地	13.8
66	辽宁	国家火炬辽宁换热设备特色产业基地	13.5
67	江苏	国家火炬泰兴精细专用化学品特色产业基地	13.4
68	河南	国家火炬计划焦作汽车零部件特色产业基地	13.4
69	江苏	国家火炬计划盐城环保装备特色产业基地	12.9
70	青岛	国家火炬青岛有机高分子新材料特色产业基地	12.5
71	江苏	国家火炬海门化工和生物医药材料特色产业基地	12.3
72	广东	国家火炬计划广州花都汽车及零部件产业基地	12.2
73	广东	国家火炬惠州智能视听特色产业基地	12.0
74	浙江	国家火炬上虞精细化工特色产业基地	11.8
75	山东	国家火炬计划烟台汽车零部件产业基地	11.6
76	湖南	国家火炬湘潭新能源装备特色产业基地	11.5
77	江苏	国家火炬昆山模具特色产业基地	11.3
78	江苏	国家火炬计划盐城汽车零部件及装备特色产业基地	10.9
79	浙江	国家火炬计划龙湾阀门特色产业基地	10.8
80	山东	国家火炬计划淄博先进陶瓷产业基地	10.7

序号	所在地	特色产业基地名称	年均复合增长率（%）
81	浙江	国家火炬黄岩塑料模具特色产业基地	10.6
82	安徽	国家火炬计划合肥公共安全信息技术特色产业基地	10.5
83	广东	国家火炬佛山电子新材料特色产业基地	10.4
84	广东	国家火炬计划江门半导体照明特色产业基地	10.3
85	湖北	国家火炬计划湖北安陆粮食机械特色产业基地	10.3
86	湖北	国家火炬葛店生物技术与新医药特色产业基地	10.2
87	江苏	国家火炬吴中医药特色产业基地	9.3
88	山东	国家火炬计划章丘有机高分子材料产业基地	9.3
89	湖北	国家火炬襄阳节能电机与控制设备特色产业基地	9.1
90	河南	国家火炬开封空分设备特色产业基地	9.0
91	浙江	国家火炬兰溪天然药物特色产业基地	8.8
92	上海	国家火炬上海南汇医疗器械特色产业基地	8.7
93	浙江	国家火炬计划德清县生物与医药特色产业基地	8.7
94	宁波	国家火炬宁波电子信息特色产业基地	8.6
95	浙江	国家火炬计划嘉兴汽车零部件特色产业基地	8.5
96	吉林	国家火炬通化生物医药特色产业基地	8.4
97	江苏	国家火炬昆山传感器特色产业基地	8.3
98	安徽	国家火炬计划安庆汽车零部件高新技术特色产业基地	8.2
99	广东	国家火炬计划汕头市龙湖输配电设备产业基地	7.8
100	山东	国家火炬淄博生物医药特色产业基地	7.7

注：表中统计基础为 2011～2015 年可比数据（275 家基地）。

附表 23 特色产业基地"十二五"企业总数年均复合增长率前一百名

序号	所在地	特色产业基地名称	年均复合增长率（%）
1	江西	国家火炬计划景德镇陶瓷新材料及制品产业基地	370.7
2	广东	国家火炬计划东莞市虎门服装设计与制造产业基地	277.4
3	广东	国家火炬计划中山市古镇照明器材设计与制造产业基地	250.5
4	江苏	国家火炬计划宜兴环保装备制造及服务特色产业基地	233.0
5	上海	国家火炬计划环同济研发设计服务特色产业基地	224.9
6	广东	国家火炬汕头澄海智能玩具创意设计与制造特色产业基地	219.9
7	广东	国家火炬计划中山日用电器特色产业基地	210.5
8	重庆	国家火炬计划重庆渝北汽车摩托车制造及现代服务特色产业基地	191.8
9	江苏	国家火炬计划常州湖塘新型色织面料特色产业基地	183.6
10	河南	国家火炬计划长垣起重机械产业基地	179.5
11	安徽	国家火炬计划滁州家电设计与制造特色产业基地	163.5
12	河北	国家火炬计划大城保温建材特色产业基地	157.5
13	黑龙江	国家火炬计划哈尔滨汽车制造特色产业基地	154.3
14	广东	国家火炬中山小榄金属制品特色产业基地	145.5
15	北京	国家火炬北京大兴新媒体特色产业基地	143.0
16	广东	国家火炬计划东莞市长安模具产业基地	141.2
17	江苏	国家火炬计划惠山风电关键零部件特色产业基地	128.7
18	福建	国家火炬计划建瓯笋竹科技特色产业基地	113.3
19	宁波	国家火炬计划宁波余姚塑料模具特色产业基地	106.3
20	江苏	国家火炬江都建材机械装备特色产业基地	104.3

序号	所在地	特色产业基地名称	年均复合增长率（%）
21	江苏	国家火炬昆山高端装备制造产业基地	97.9
22	辽宁	国家火炬计划辽宁（万家）数字技术特色产业基地	96.0
23	陕西	国家火炬计划西安航空特色产业基地	92.6
24	湖北	国家火炬十堰汽车关键零部件特色产业基地	91.2
25	浙江	国家火炬上虞精细化工特色产业基地	90.3
26	安徽	国家火炬计划芜湖节能环保汽车及零部件高新技术特色产业基地	89.6
27	浙江	国家火炬计划绍兴纺织装备特色产业基地	85.6
28	浙江	国家火炬临安电线电缆特色产业基地	83.7
29	辽宁	国家火炬计划盘锦石油装备制造特色产业基地	83.7
30	广东	国家火炬计划阳江新型功能刀剪材料设计与先进制造产业基地	83.3
31	江苏	国家火炬苏州汽车零部件特色产业基地	81.0
32	江苏	国家火炬计划扬州绿色新能源特色产业基地	80.7
33	山东	国家火炬济南生物工程与新医药特色产业基地	79.9
34	山东	国家火炬计划潍坊光电特色产业基地	78.8
35	江苏	国家火炬启东节能环保装备及基础件特色产业基地	78.4
36	山东	国家火炬计划章丘有机高分子材料产业基地	77.8
37	辽宁	国家火炬计划阜新液压装备特色产业基地	77.8
38	天津	国家火炬计划东丽节能装备特色产业基地	76.3
39	江苏	国家火炬计划扬州智能电网特色产业基地	75.9
40	江苏	国家火炬计划南京雨花现代通信软件特色产业基地	75.1

序号	所在地	特色产业基地名称	年均复合增长率（%）
41	广东	国家火炬顺德家用电器特色产业基地	73.7
42	山东	国家火炬计划东营石油装备特色产业基地	72.2
43	安徽	国家火炬计划合肥公共安全信息技术特色产业基地	71.7
44	湖北	国家火炬襄阳汽车动力与部件特色产业基地	71.7
45	江苏	国家火炬计划盐城绿色能源特色产业基地	66.9
46	江苏	国家火炬启东生物医药特色产业基地	64.9
47	江苏	国家火炬泰州光伏与储能新能源特色产业基地	64.5
48	江西	国家火炬九江星火有机硅材料特色产业基地	63.0
49	山东	国家火炬济南山大路电子信息特色产业基地	61.5
50	江苏	国家火炬惠山特种冶金新材料特色产业基地	61.3
51	重庆	国家火炬计划重庆九龙轻合金特色产业基地	60.8
52	山东	国家火炬计划德州新能源特色产业基地	60.5
53	江苏	国家火炬计划建湖石油装备特色产业基地	58.9
54	江苏	国家火炬泰州新技术船舶特色产业基地	57.1
55	上海	国家火炬计划上海奉贤输配电产业基地	54.4
56	广东	国家火炬计划江门半导体照明特色产业基地	53.5
57	厦门	国家火炬厦门钨材料特色产业基地	52.9
58	江苏	国家火炬泰州医药特色产业基地	49.5
59	江苏	国家火炬兴化特种合金材料及制品特色产业基地	49.5
60	上海	国家火炬上海张堰新材料深加工特色产业基地	48.1

序号	所在地	特色产业基地名称	年均复合增长率（%）
61	陕西	国家火炬计划西安高新区生物医药产业基地	47.9
62	湖北	国家火炬葛店生物技术与新医药特色产业基地	47.3
63	河南	国家火炬计划焦作汽车零部件特色产业基地	46.9
64	广东	国家火炬计划广州高新区环保新材料产业基地	46.5
65	江苏	国家火炬常州高新区生物药和化学药特色产业基地	46.3
66	江苏	国家火炬宜兴无机非金属材料特色产业基地	46.1
67	宁波	国家火炬计划宁波慈溪智能家电特色产业基地	43.4
68	广东	国家火炬佛山自动化机械及设备特色产业基地	43.2
69	江苏	国家火炬计划盐城环保装备特色产业基地	41.6
70	辽宁	国家火炬辽宁换热设备特色产业基地	39.9
71	陕西	国家火炬计划宝鸡钛产业基地	39.5
72	上海	国家火炬计划上海枫泾新能源特色产业基地	38.7
73	江苏	国家火炬无锡新区汽车电子及部件特色产业基地	37.7
74	湖北	国家火炬武汉青山环保特色产业基地	37.3
75	安徽	国家火炬计划亳州中药特色产业基地	37.3
76	广东	国家火炬计划汕头市龙湖输配电设备产业基地	37.3
77	广东	国家火炬计划茂名石化产业基地	36.7
78	福建	国家火炬德化陶瓷特色产业基地	35.5
79	广东	国家火炬汕头金平轻工机械装备制造特色产业基地	34.7
80	江苏	国家火炬计划无锡滨湖高效节能装备特色产业基地	33.6

序号	所在地	特色产业基地名称	年均复合增长率（%）
81	江苏	国家火炬计划常州输变电设备产业基地	33.5
82	山东	国家火炬计划烟台汽车零部件产业基地	31.1
83	陕西	国家火炬计划宝鸡重型汽车及零部件特色产业基地	30.6
84	江苏	国家火炬计划昆山电路板特色产业基地	28.6
85	江苏	国家火炬计划宜兴电线电缆产业基地	28.2
86	宁波	国家火炬宁波电子信息特色产业基地	28.1
87	浙江	国家火炬平湖光机电特色产业基地	27.6
88	安徽	国家火炬铜陵电子材料特色产业基地	26.2
89	山东	国家火炬计划淄博博山泵类产业基地	25.9
90	黑龙江	国家火炬计划大庆石油石化装备制造特色产业基地	25.4
91	浙江	国家火炬计划龙湾阀门特色产业基地	25.0
92	山东	国家火炬烟台海洋生物与医药特色产业基地	24.9
93	辽宁	国家火炬计划朝阳新能源电器特色产业基地	24.2
94	山东	国家火炬济宁工程机械特色产业基地	24.0
95	浙江	国家火炬计划安吉竹精深加工特色产业基地	23.9
96	山东	国家火炬计划淄博功能玻璃特色产业基地	23.8
97	河北	国家火炬邯郸新型功能材料特色产业基地	23.5
98	江苏	国家火炬金坛精细化学品特色产业基地	23.4
99	浙江	国家火炬吴兴特种金属管道特色产业基地	23.4
100	河北	国家火炬唐山陶瓷材料特色产业基地	22.5

注：表中统计基础为 2011～2015 年可比数据（275 家基地）。

编后语

2015 年特色产业基地建设取得了可喜的成绩，我们展望未来，继续推进特色产业基地的发展模式，贯彻创新、协调、绿色、开放、共享的发展理念，因地制宜地开展特色产业基地的建设工作，以科技创新和体制机制创新为驱动力，以培育发展具有较高技术含量、较强市场竞争力、特色鲜明、优势明显的产业为目的，以载体平台等硬件建设与创新文化等环境建设相结合，引领地方经济的发展。

2016 年是"十三五"的开局之年，国家进入产业转型和产业再布局的阶段，科技整体水平已从量的增长向质的提升转变，特色产业基地也迎来了更好的发展机遇。在新时期、新形势下，特色产业基地建设将认真贯彻党中央、国务院关于创新驱动，大众创业、万众创新和"中国制造 2025"的战略部署，紧密围绕重大需求和工作重点，针对国家鼓励发展战略性新兴产业及细分领域，通过科学规划和合理布局，在全国范围建成各具特色的产业基地，形成创新型产业集群；通过整体推进和分类指导，不断提升特色产业发展质量和水平，以创新推动产业结构向中高端水平发展，成为国家与地方、政府与市场、科技与经济有机结合的核心载体，成为创新驱动区域经济、优化产业结构、提升产业水平的重要抓手；通过特色产业基地建设，不断延伸产业链，做大做强主导产业，成为区域创新体系的重要组成部分。

在此感谢各地科技主管部门、基地所在地政府、各特色产业基地日常管理机构以及相关单位对本报告工作的大力支持。感谢科学技术部中国科学技术发展战略研究院韦东远研究员对本报告给予的指导；感谢北京华陆汇融科技咨询有限公司刘蔚然同志对本报告数据统计、编撰工作的大力支持。

科技部火炬高技术产业开发中心

2016 年 12 月